SALIDA DEL SOL
APUESTA DE SOL

LIBRO DE COLOREAR PARA RELAJARSE

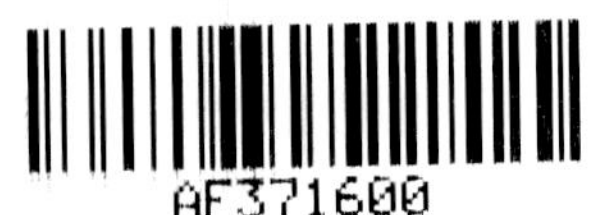

Coloring Bandit

Publicado por Speedy Publishing Canada Limited

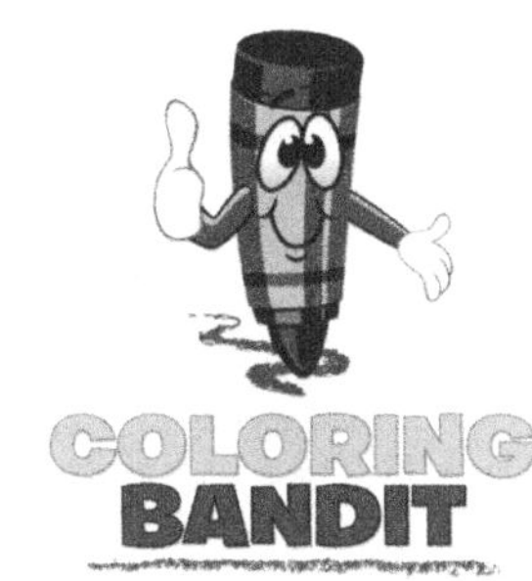

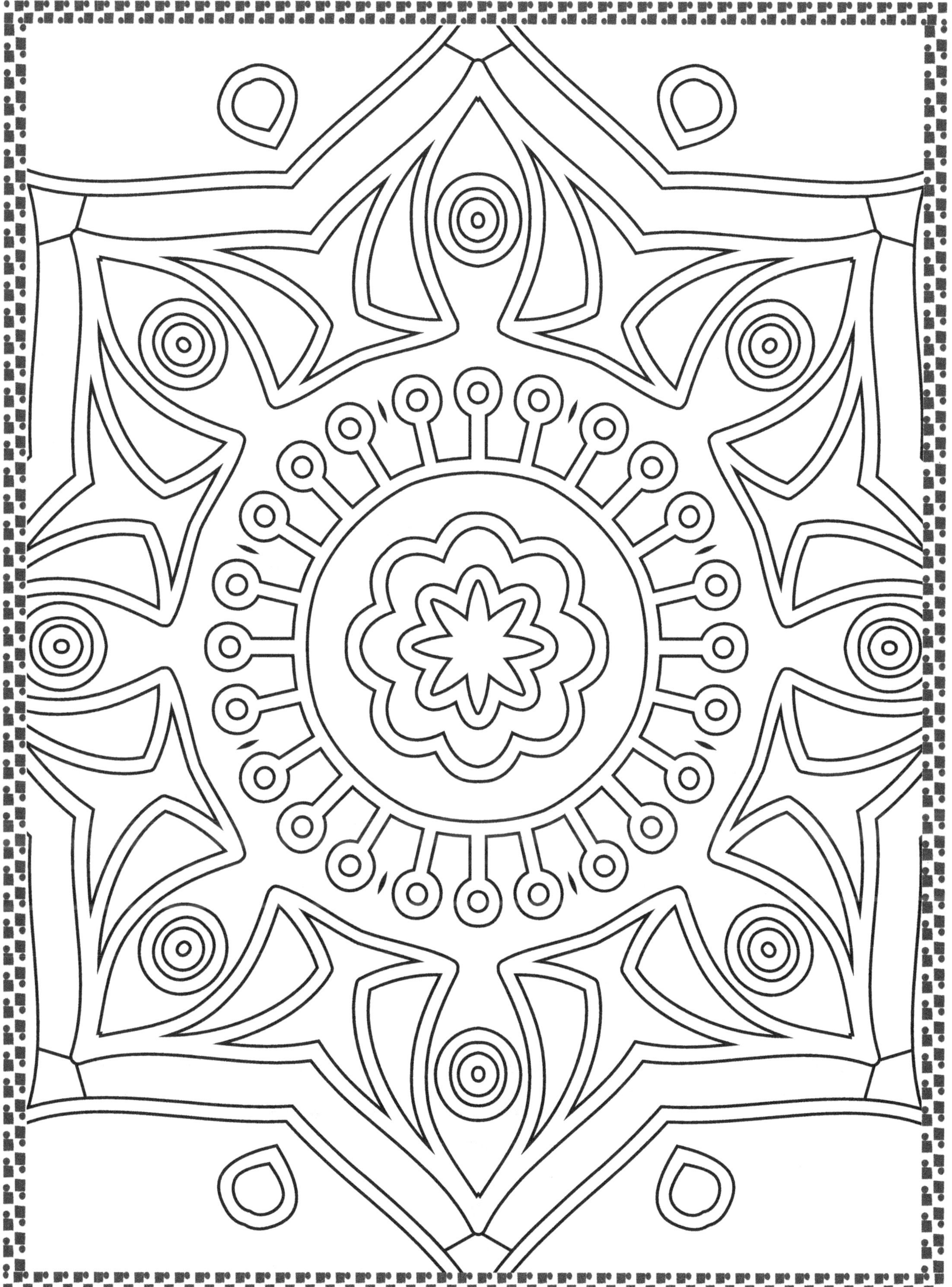

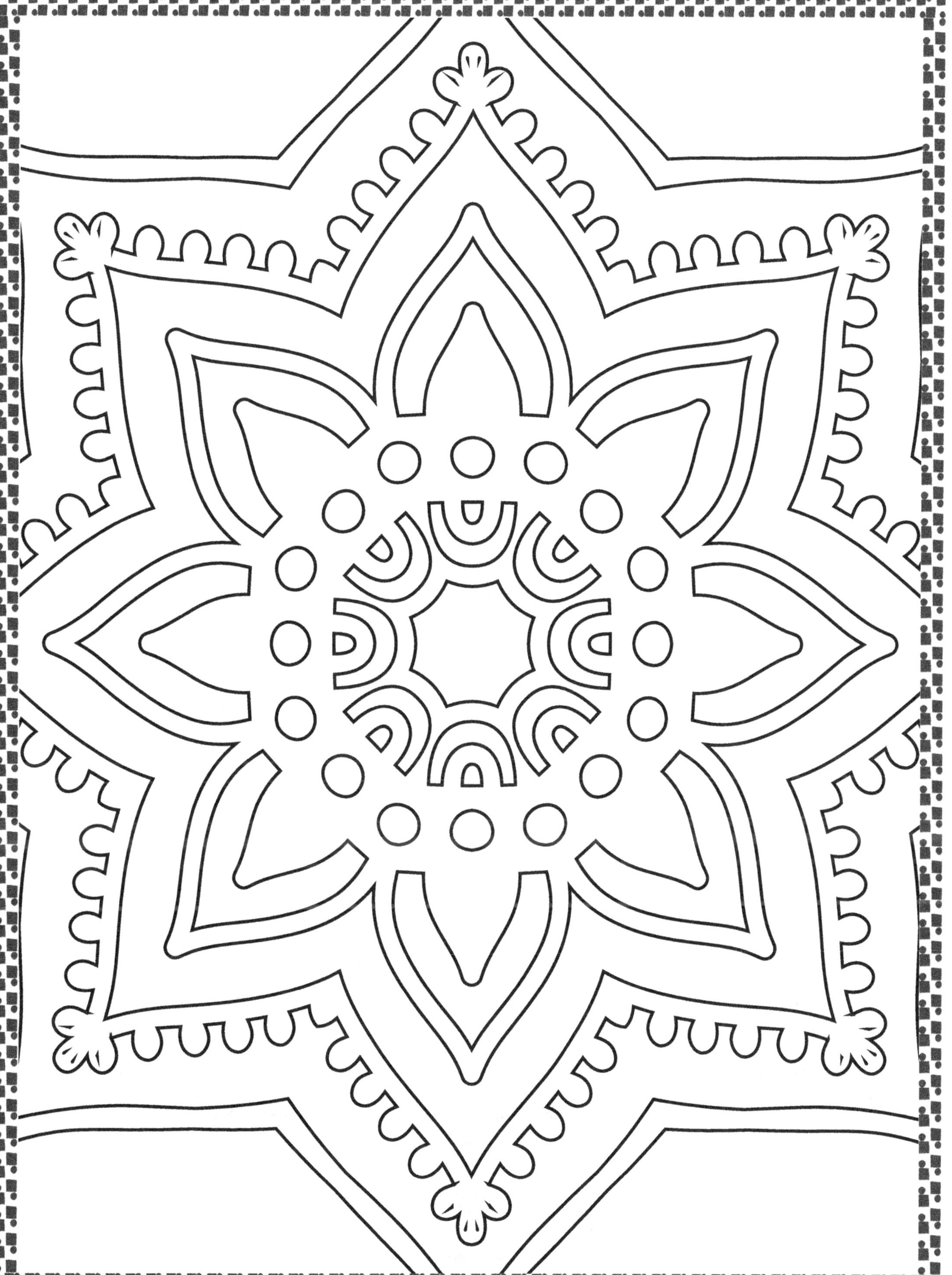

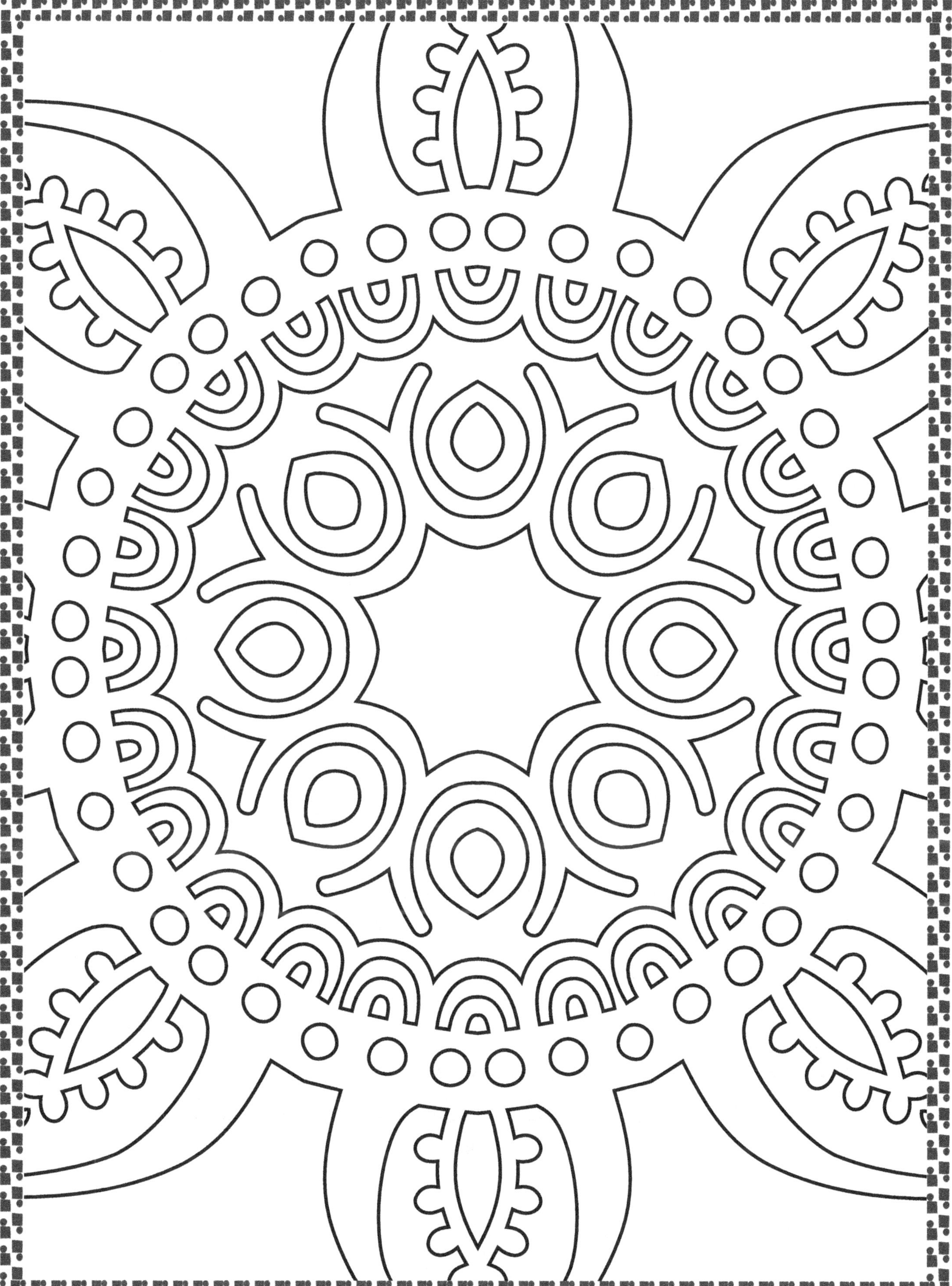

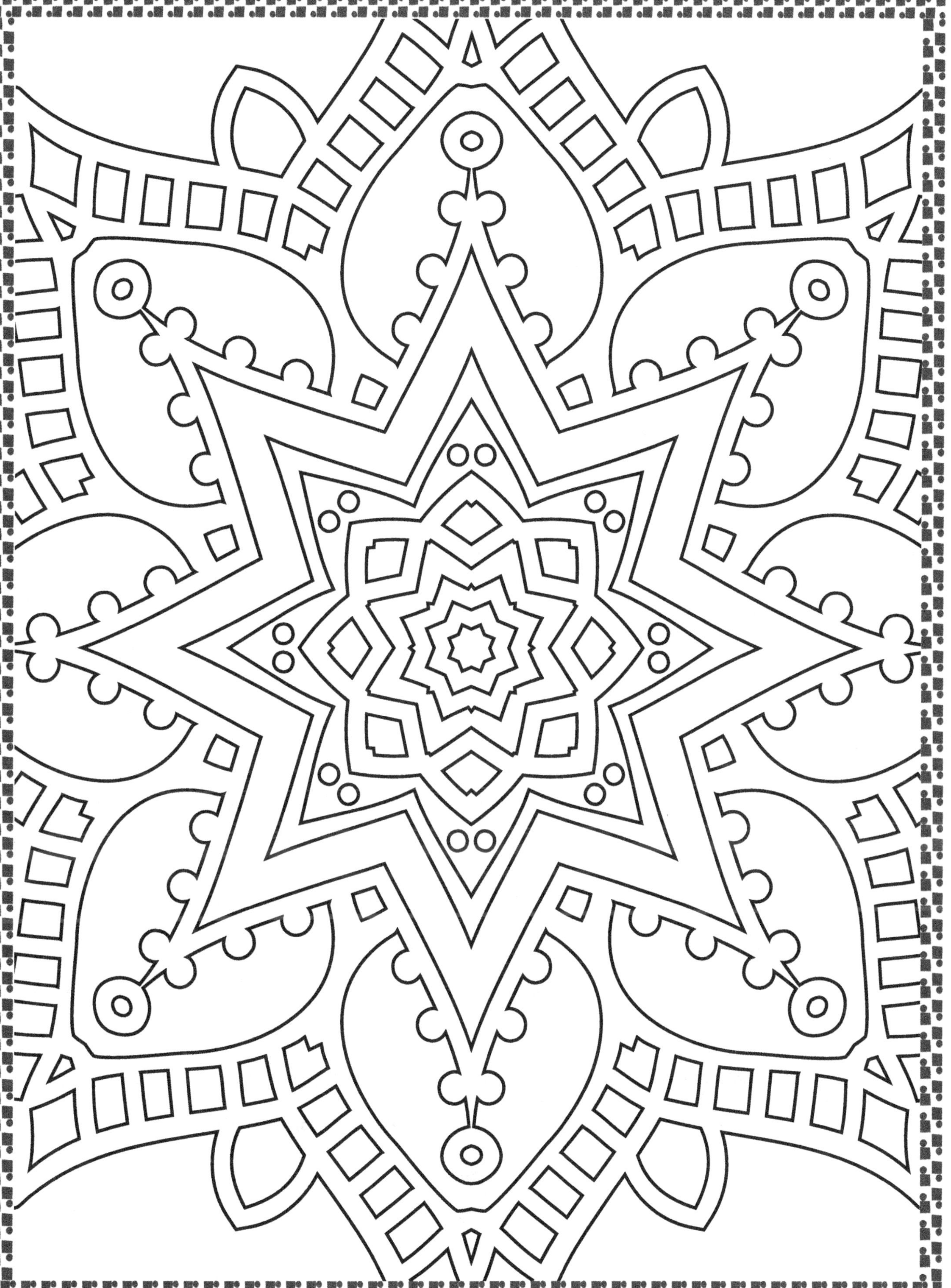

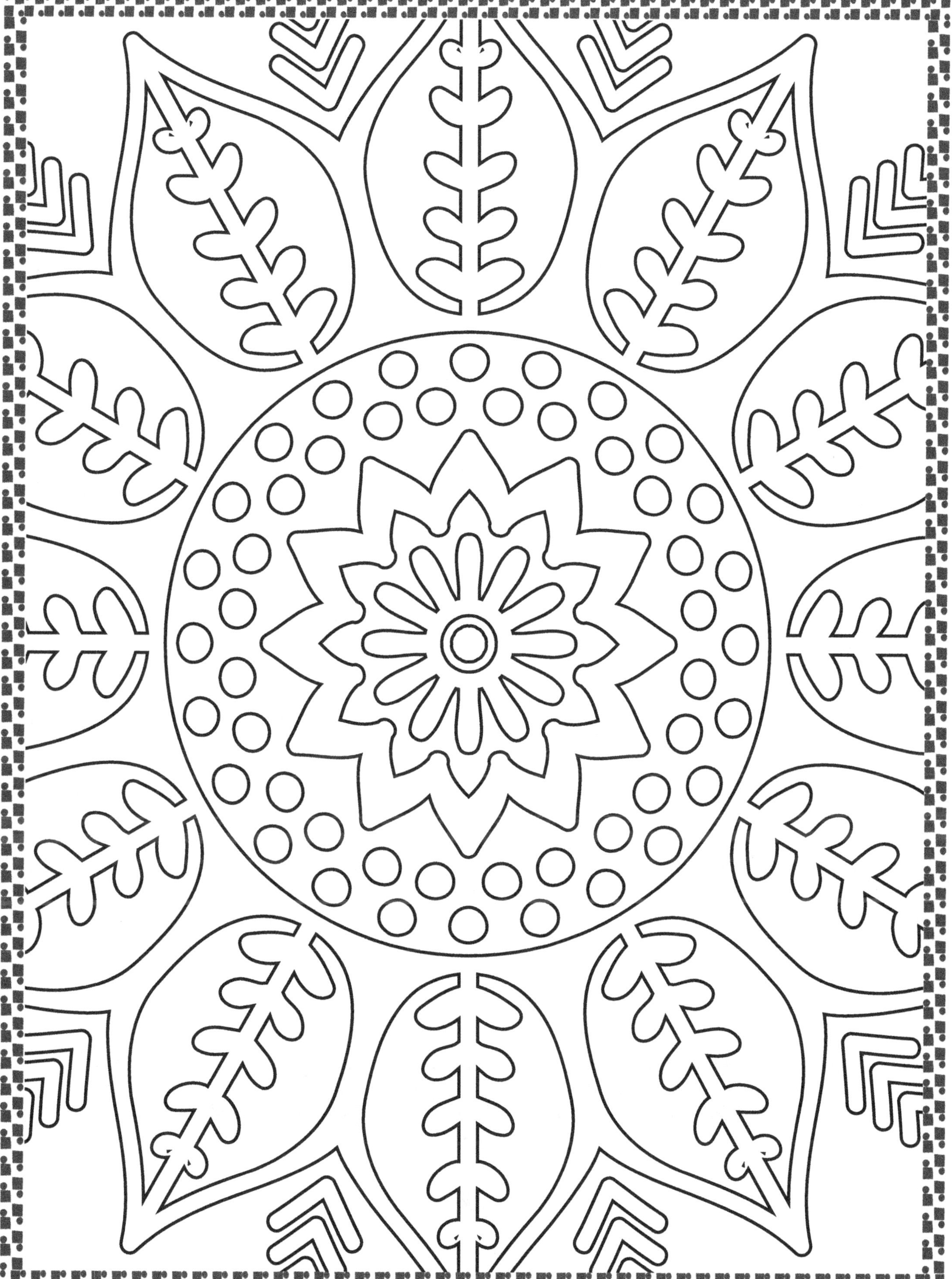

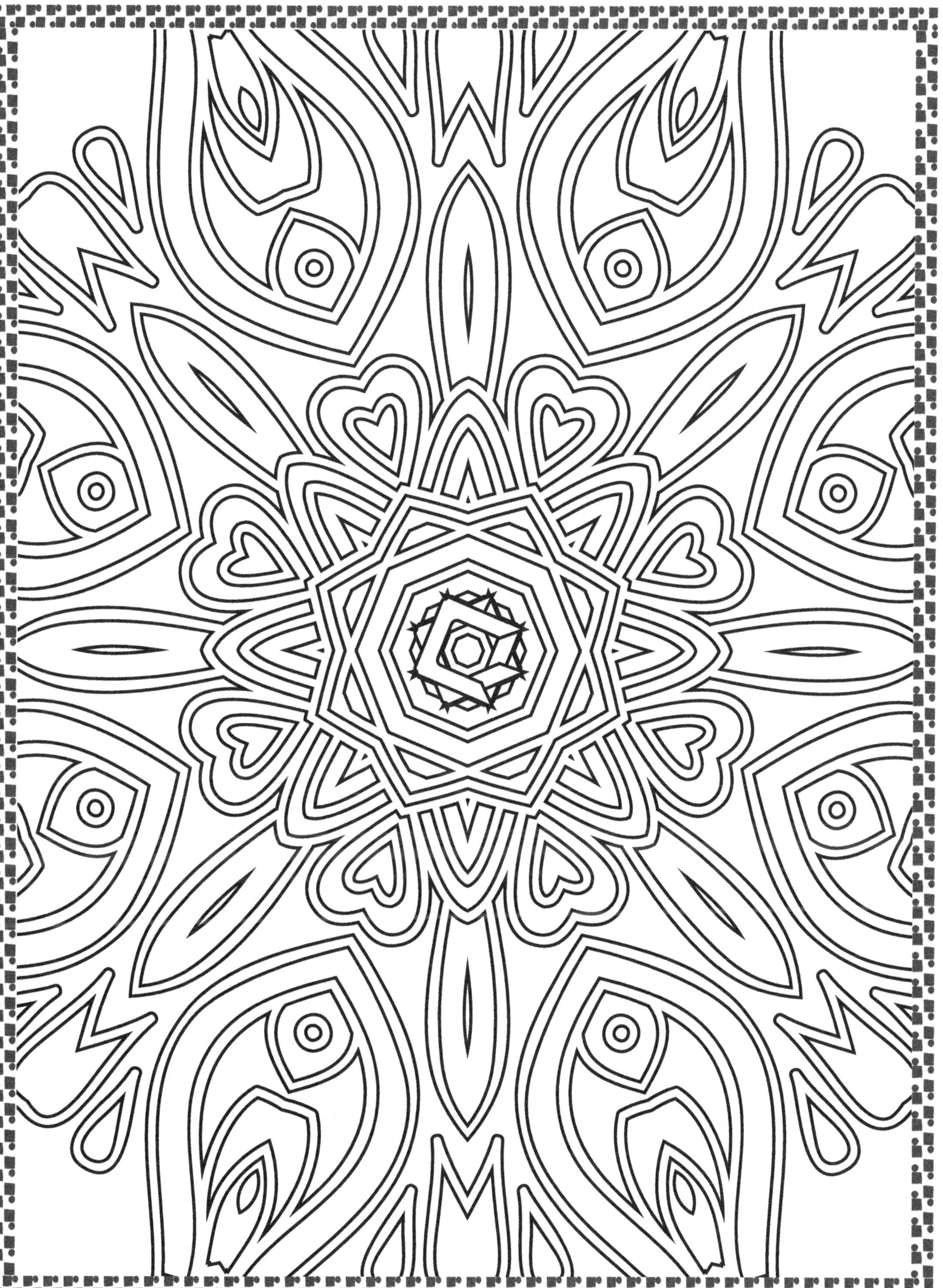

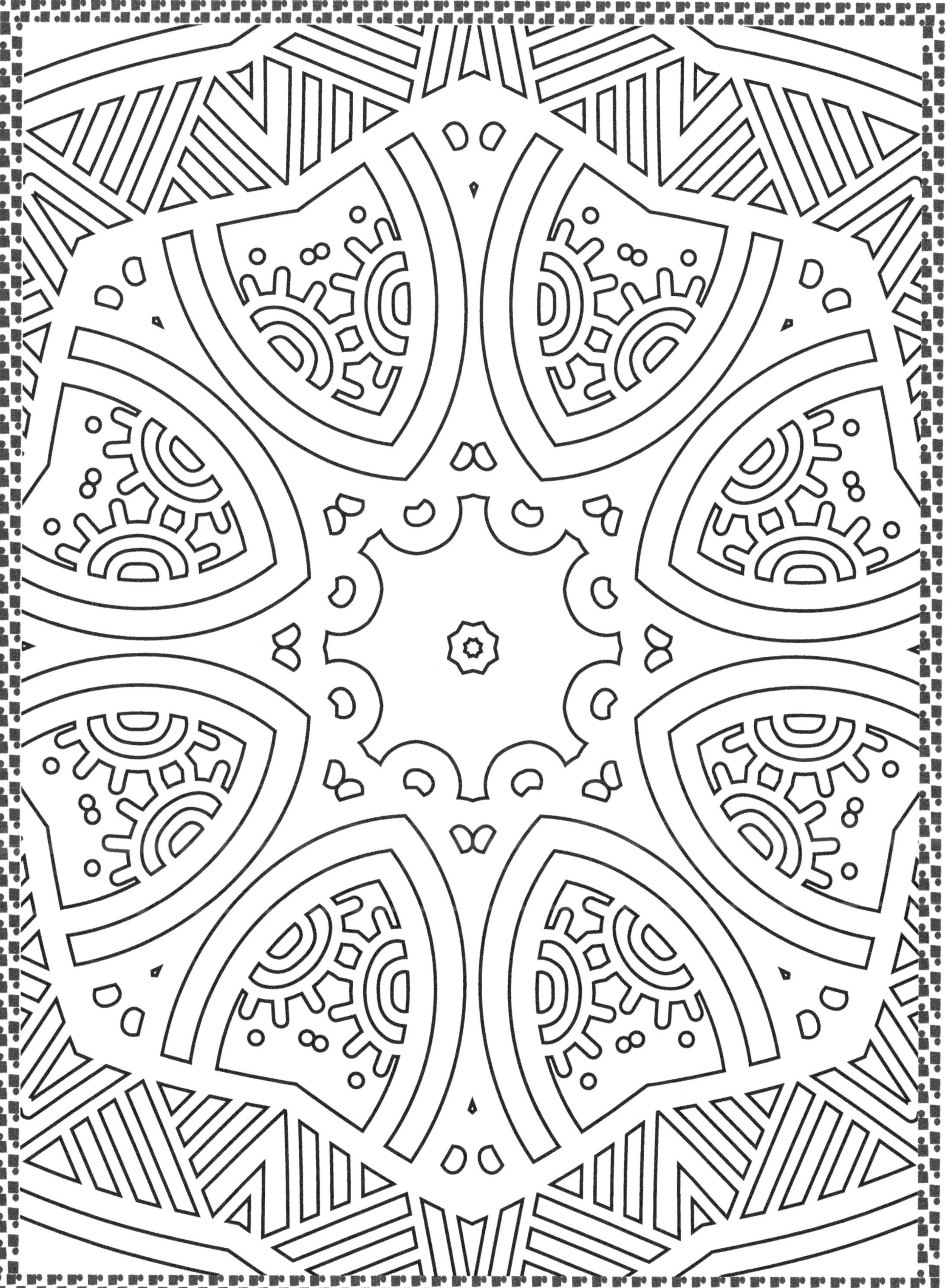

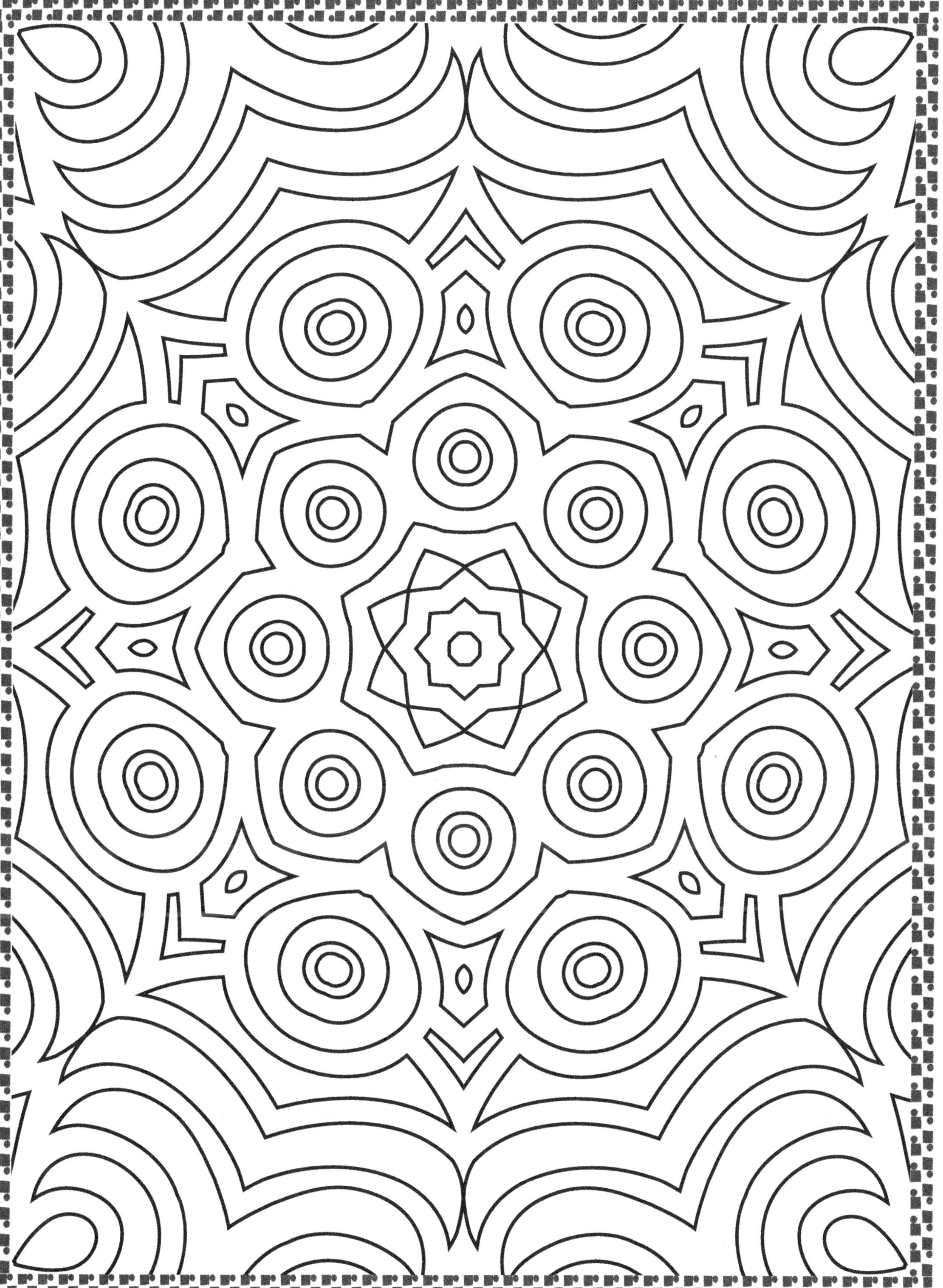

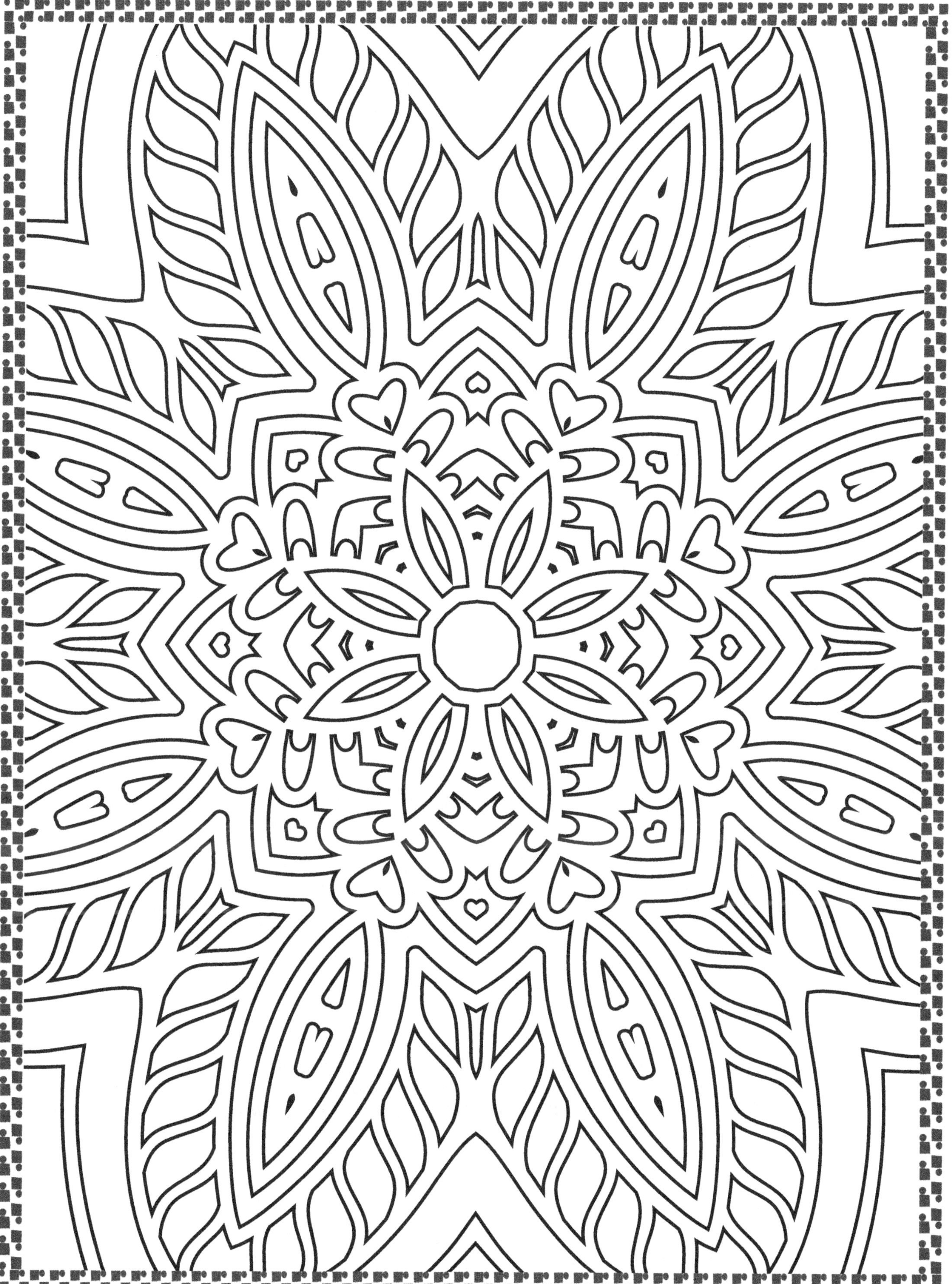

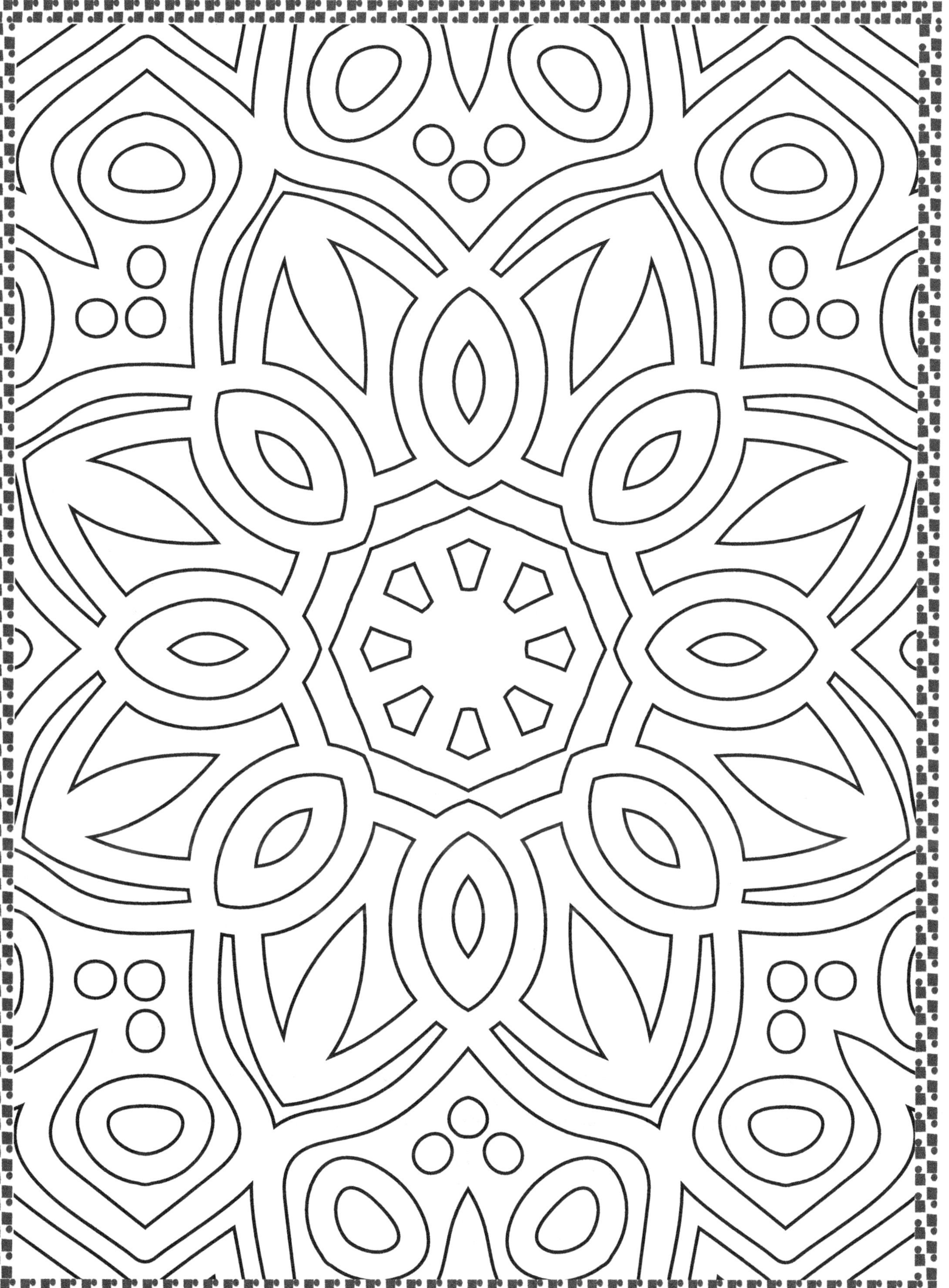

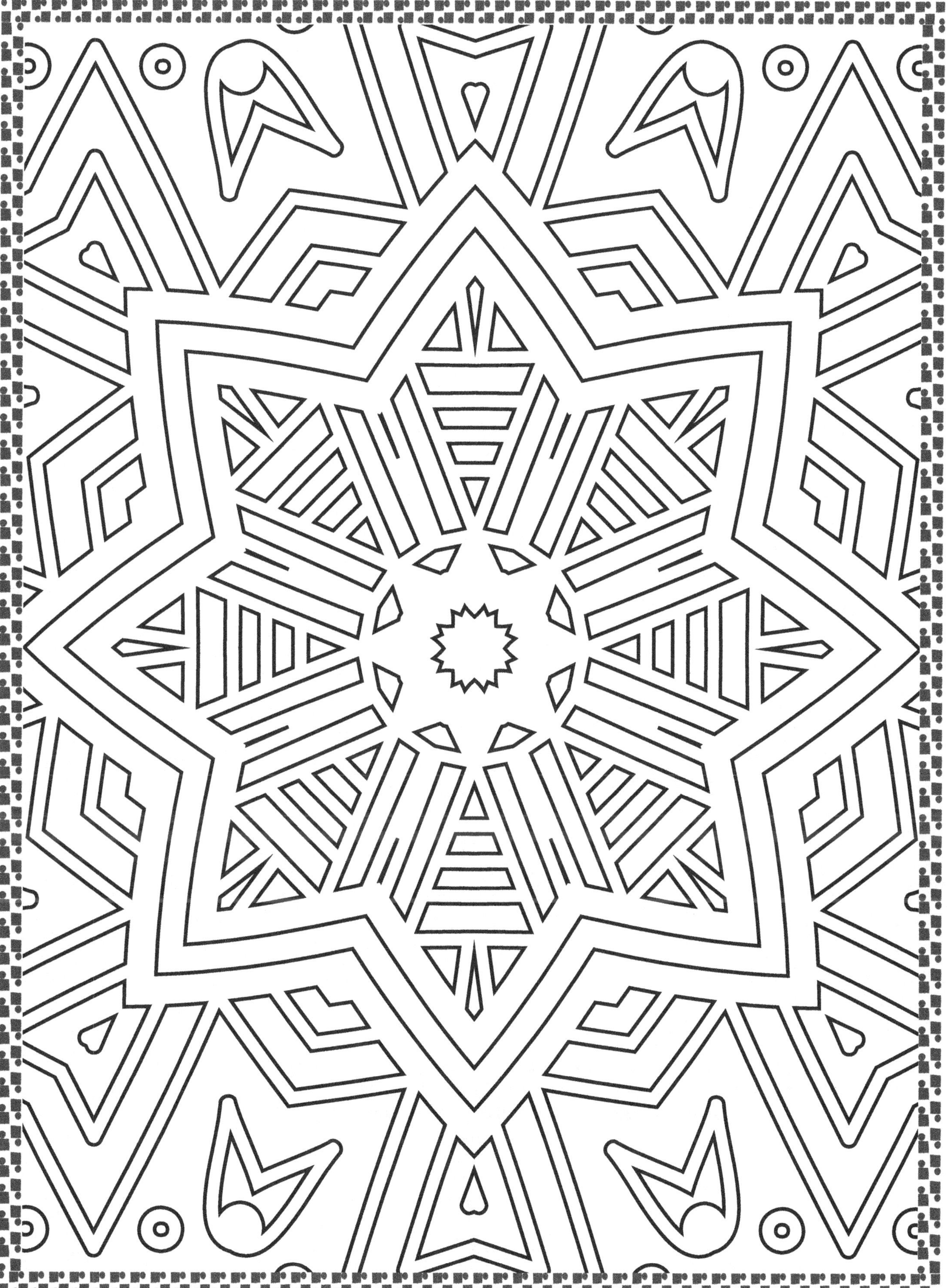

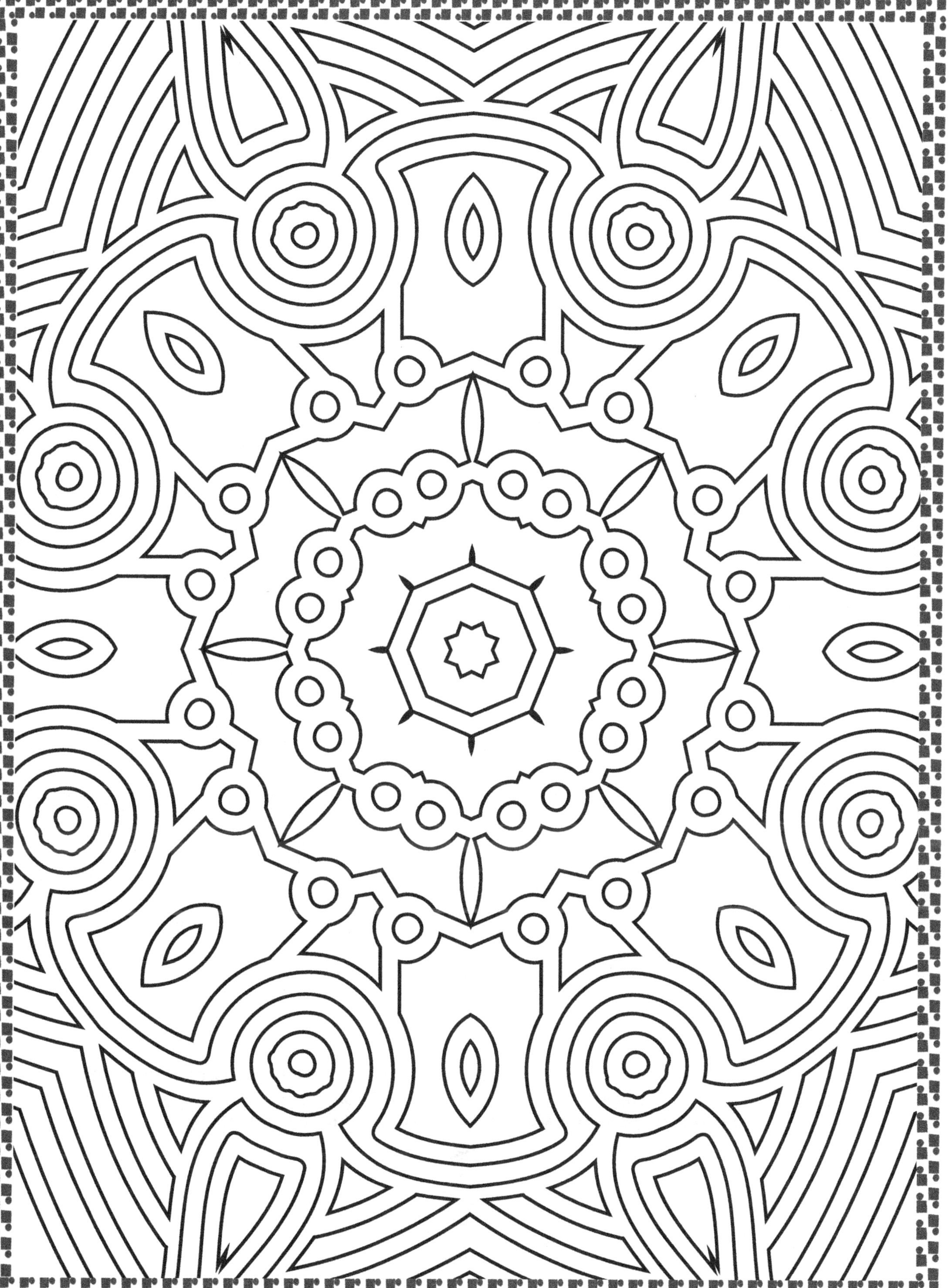

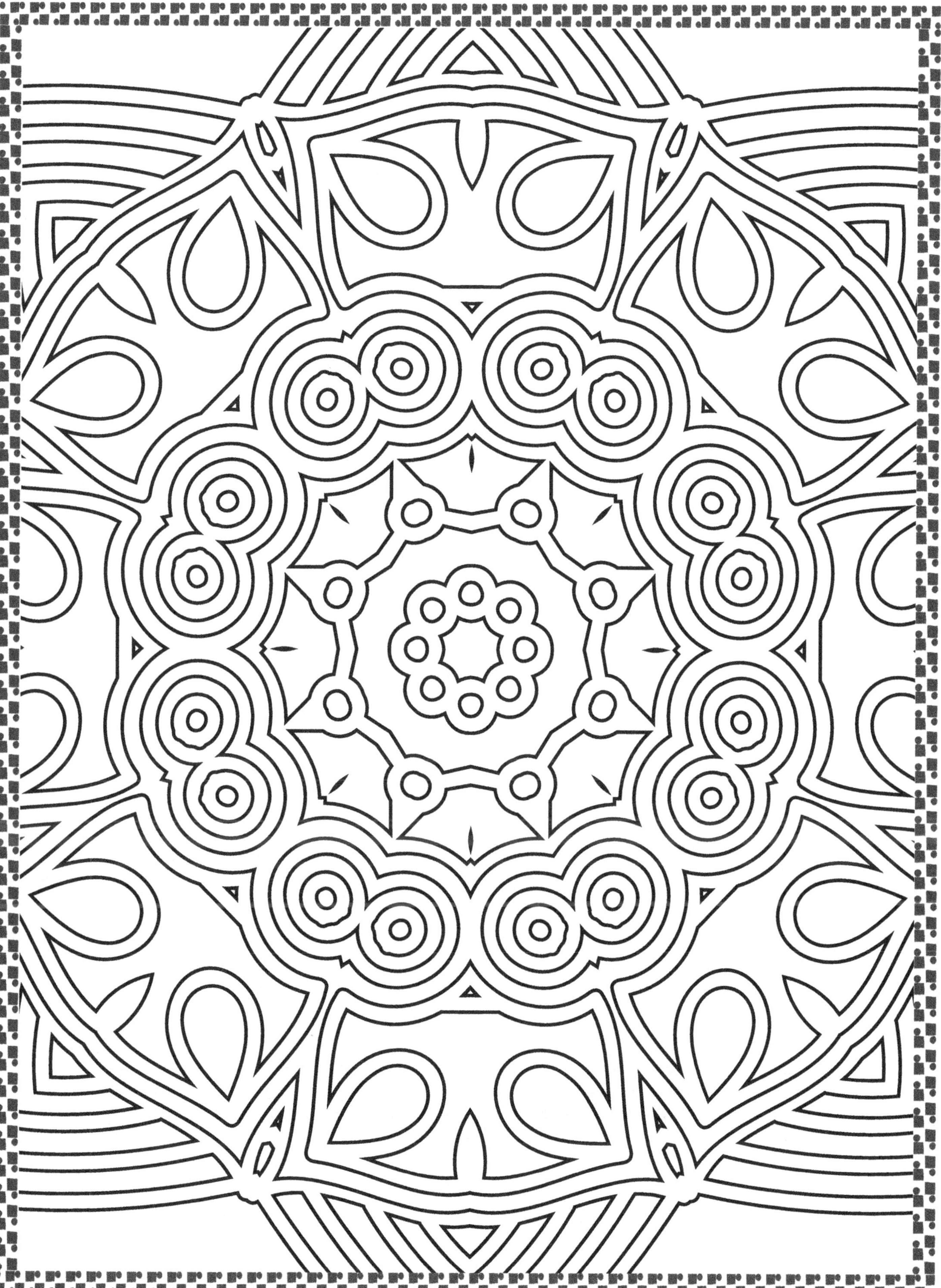

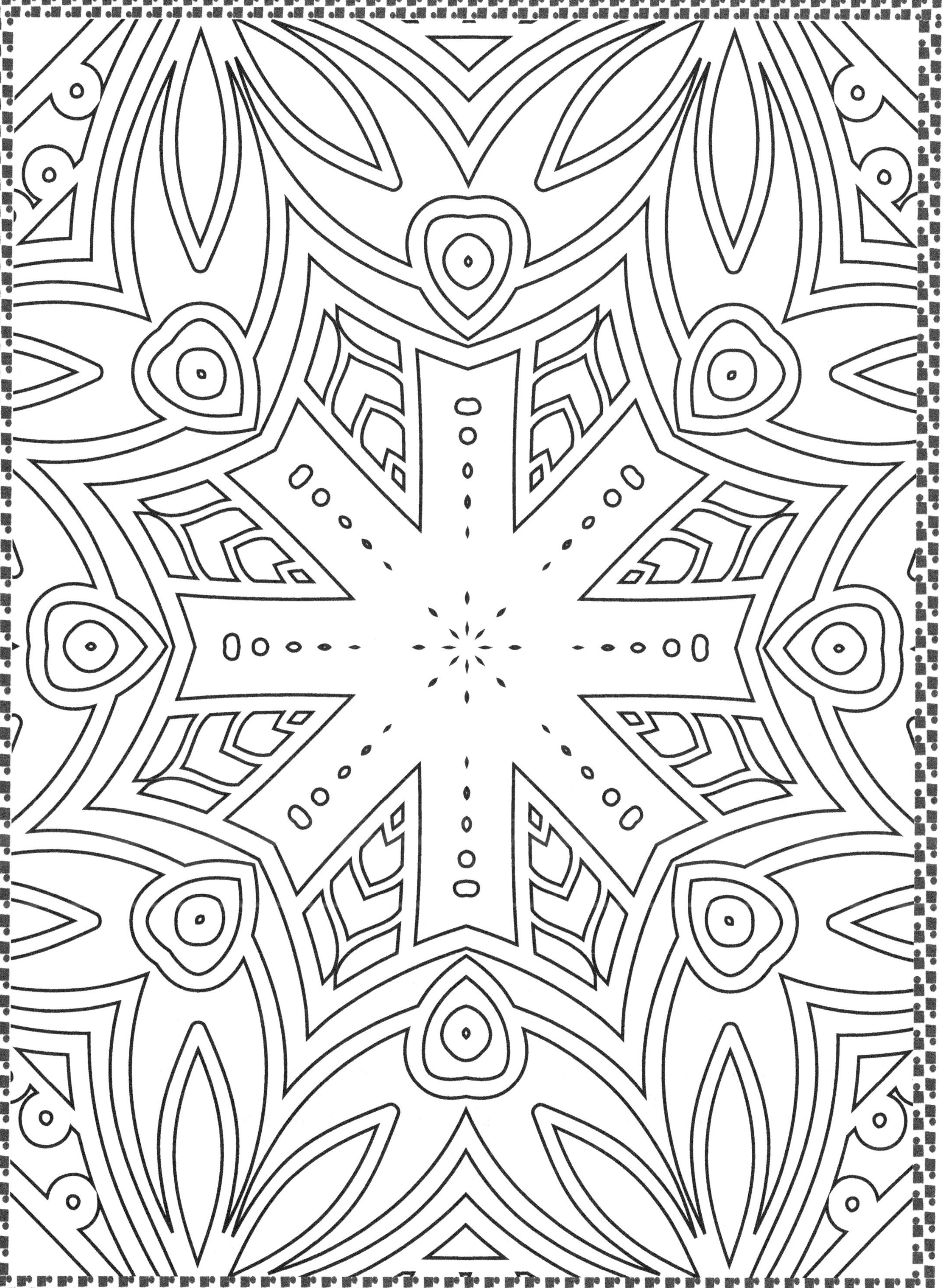

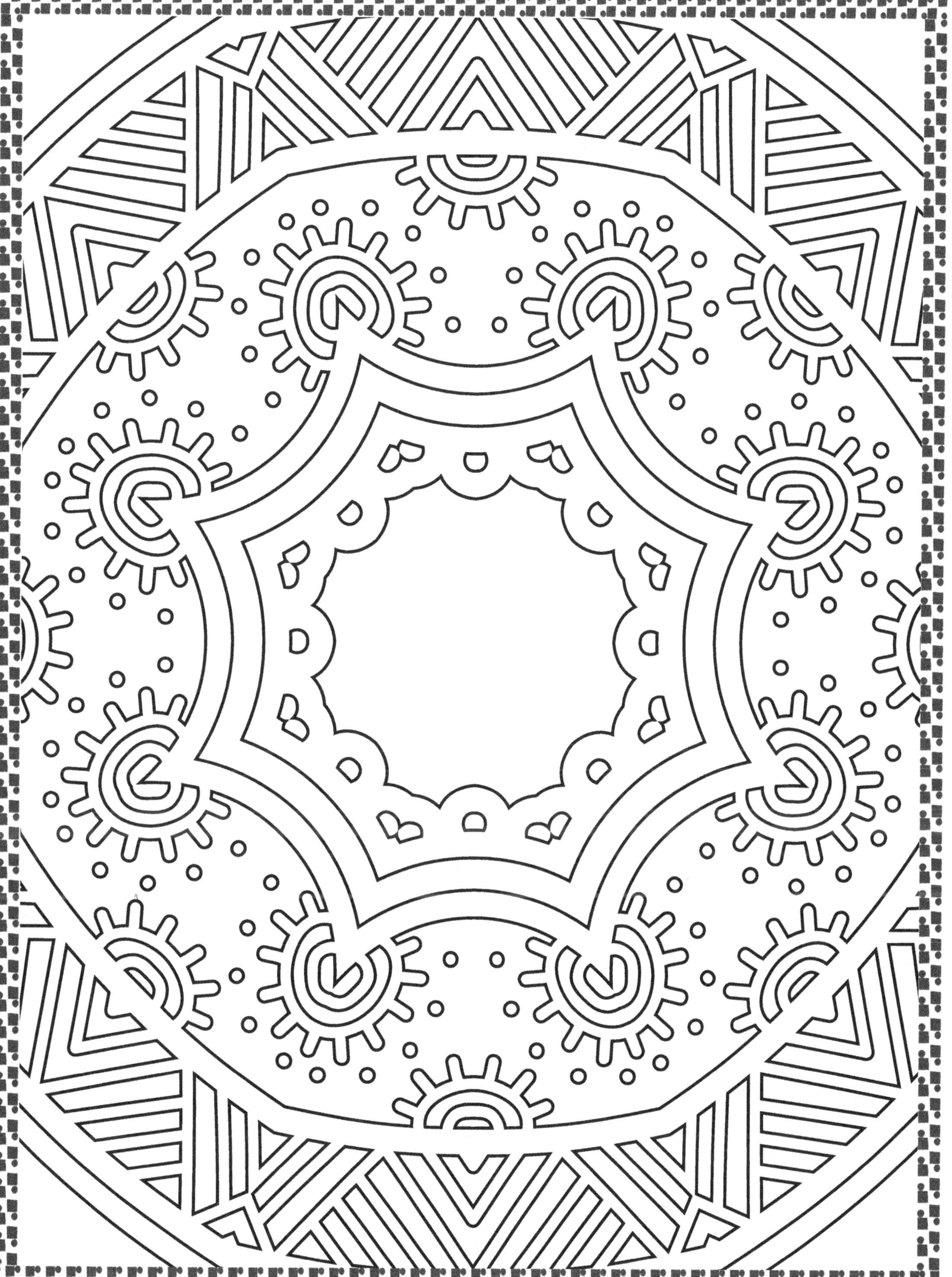

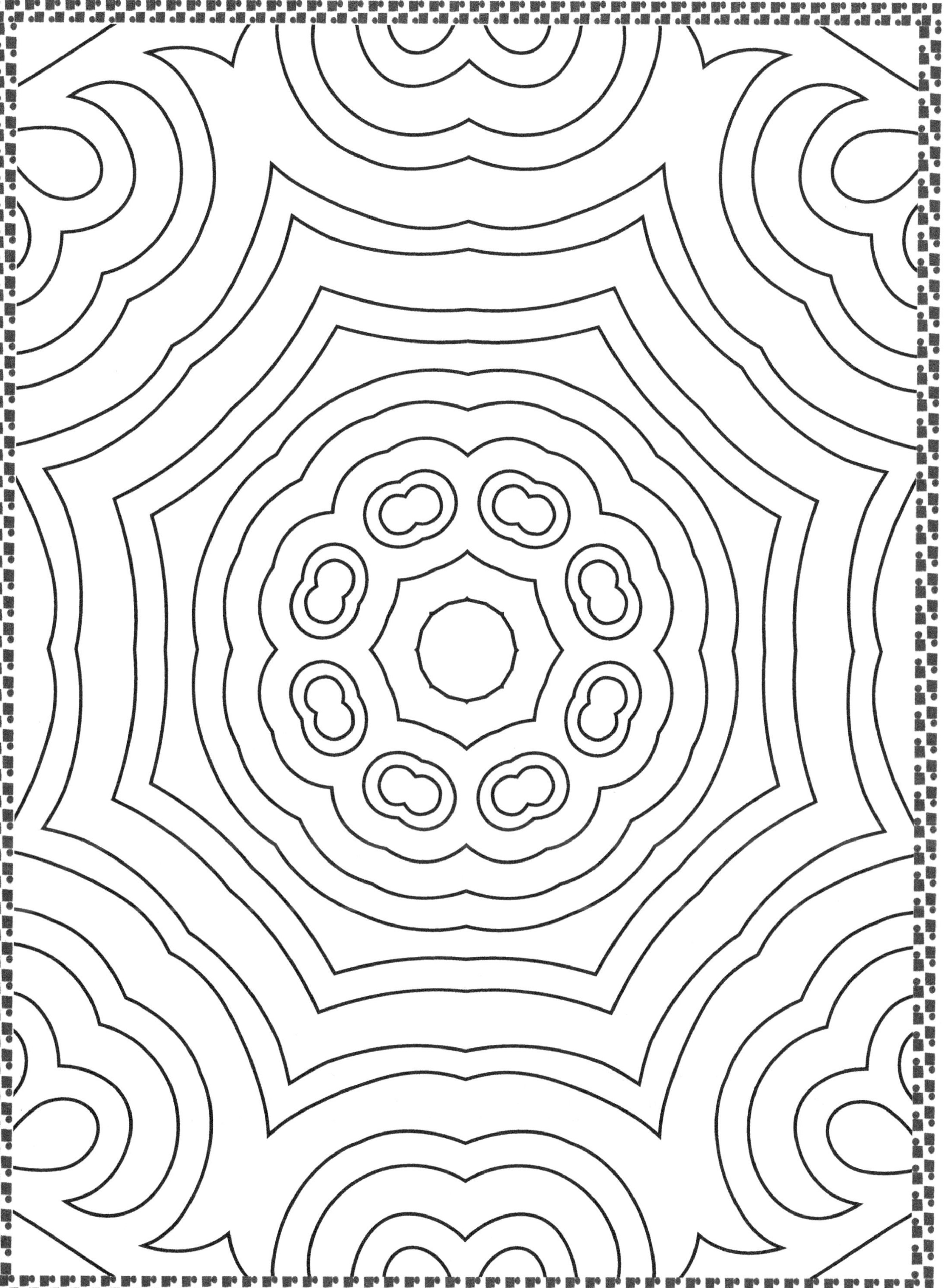

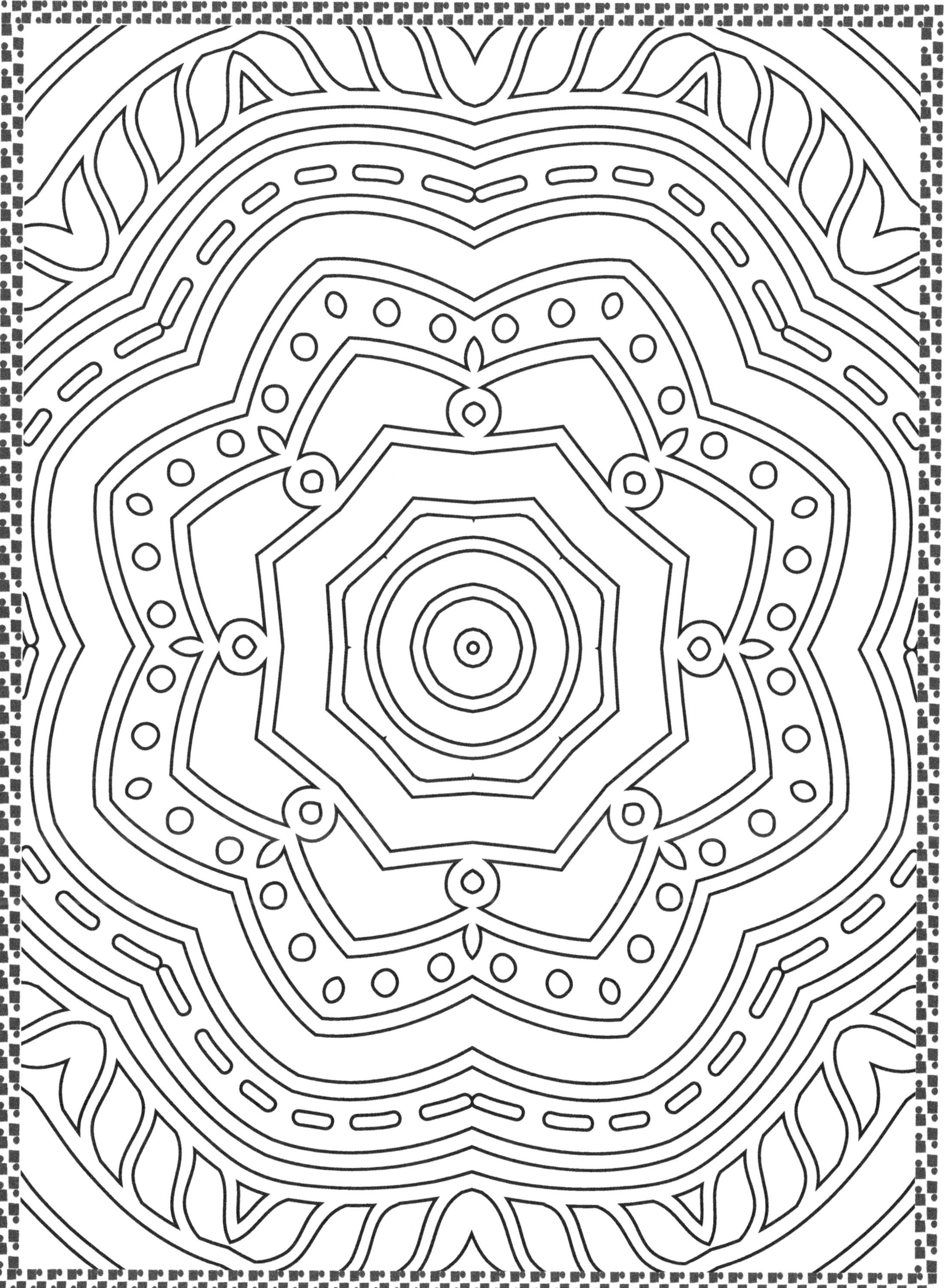

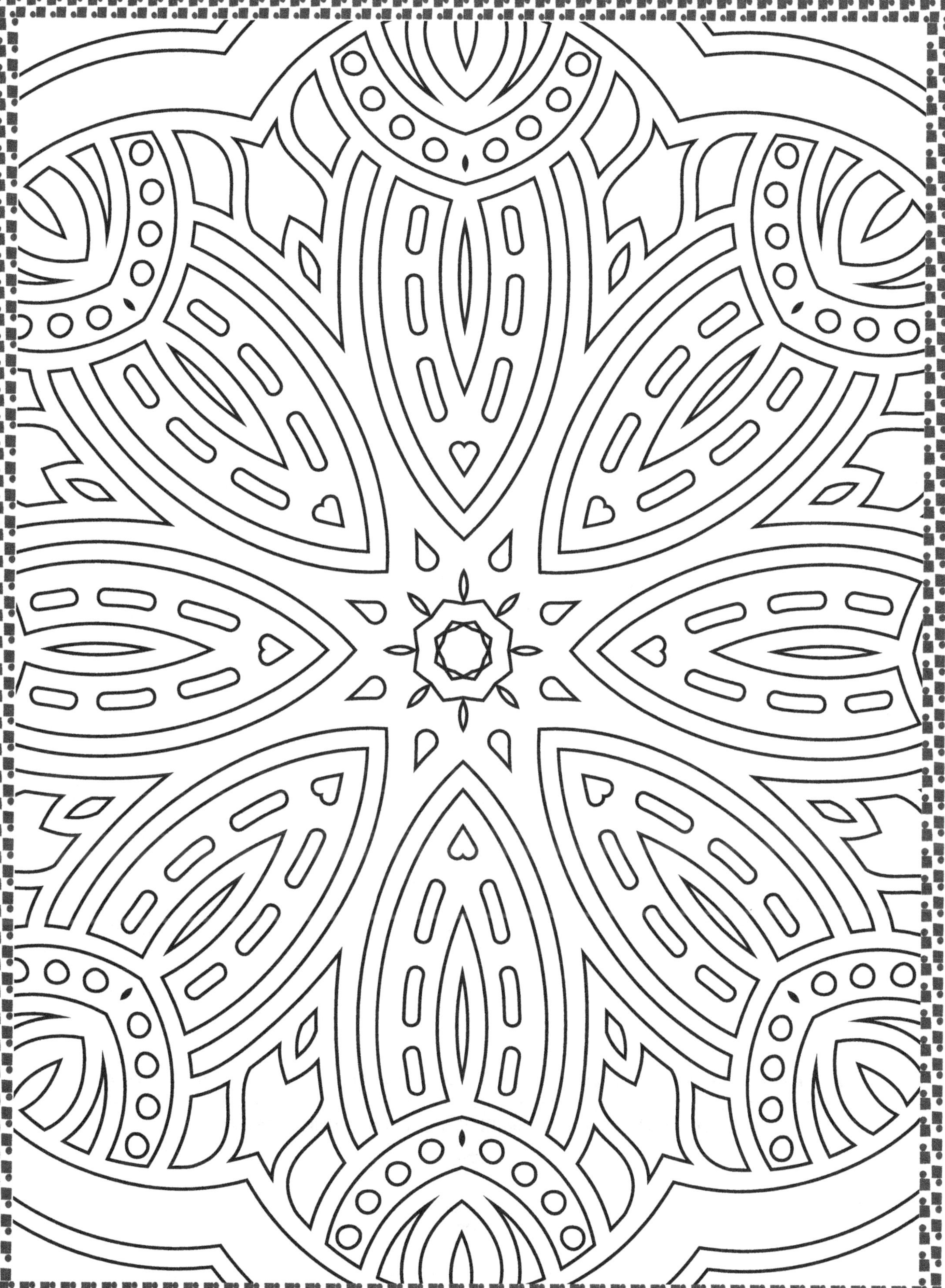

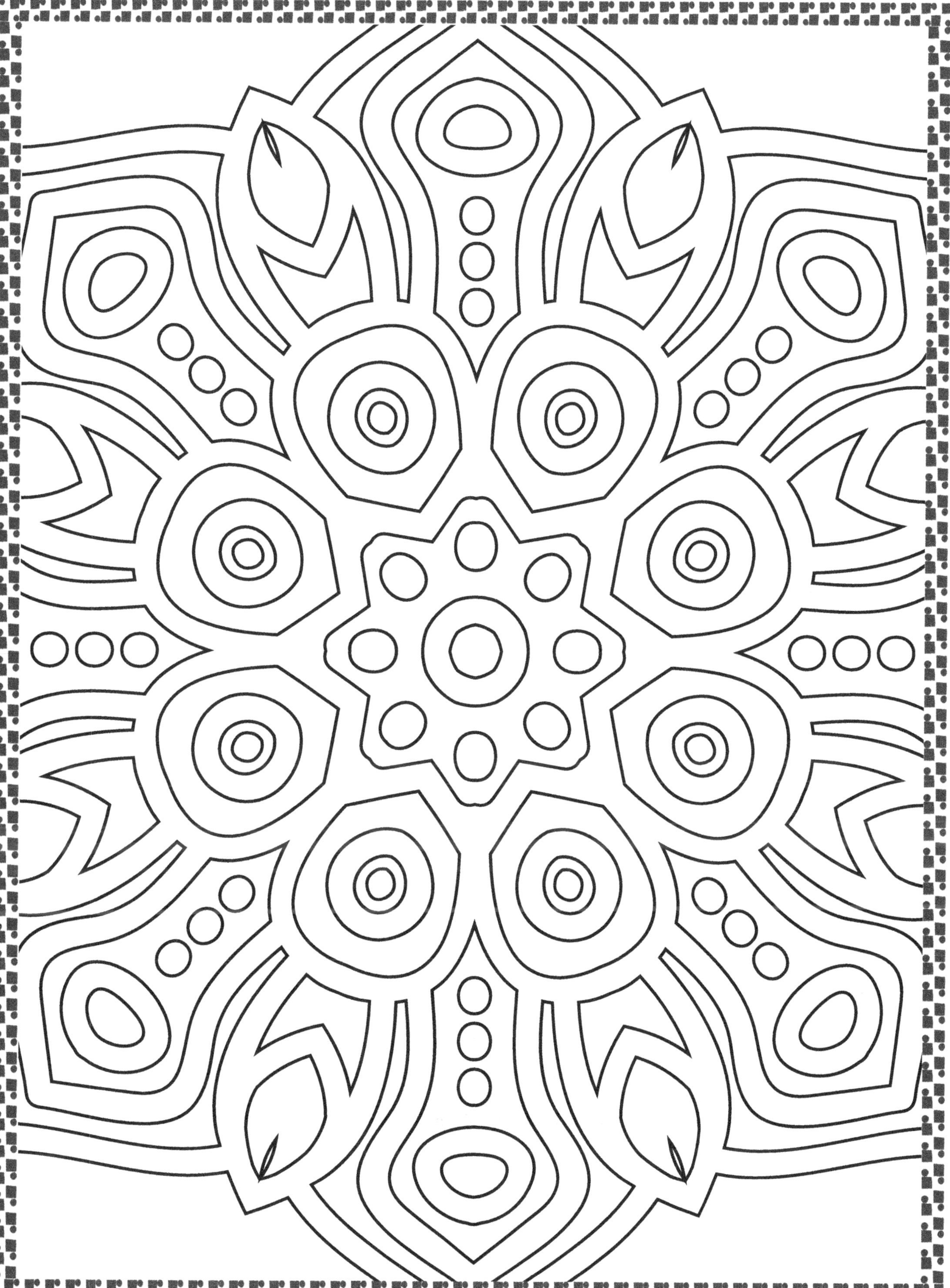

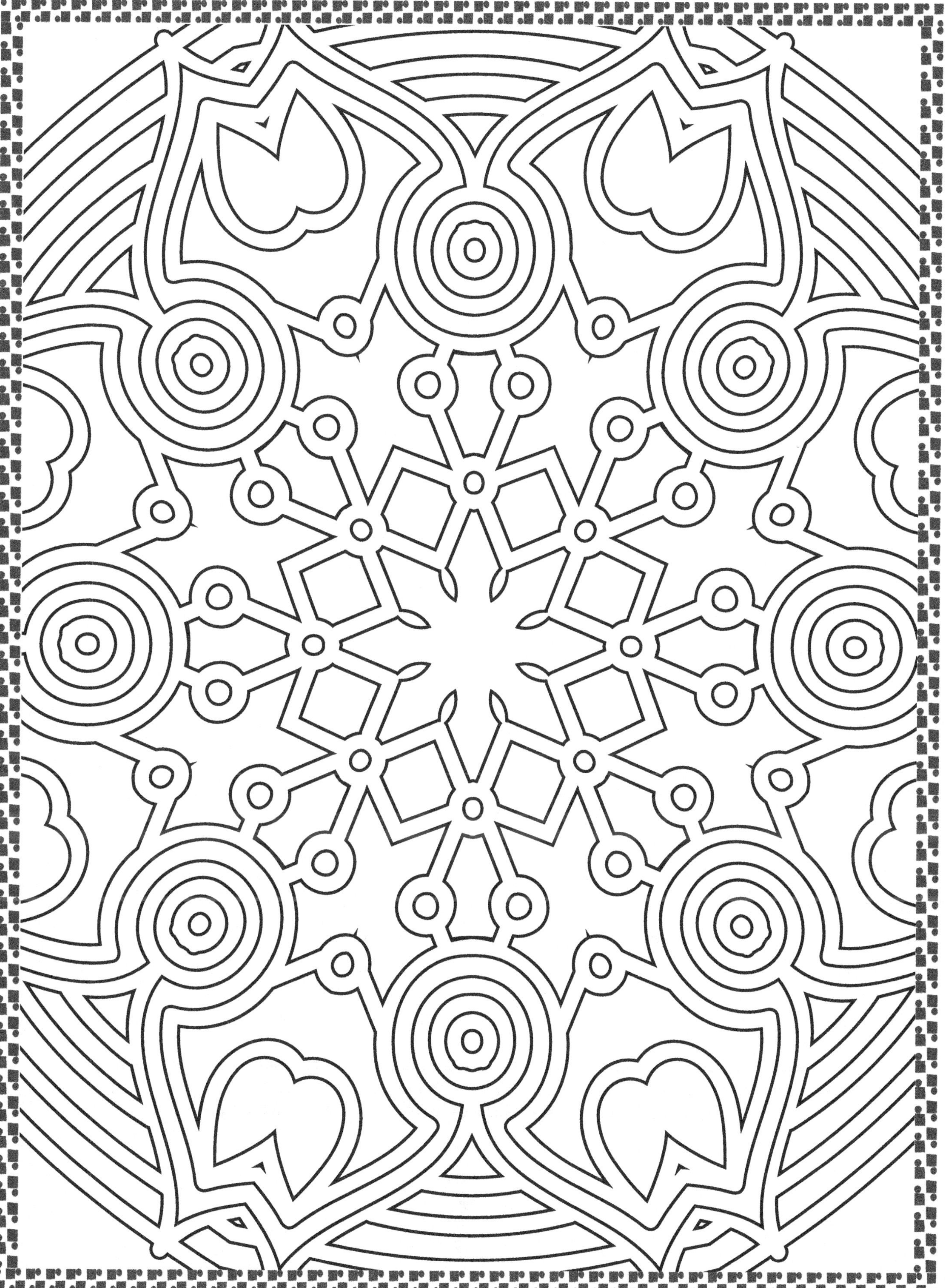

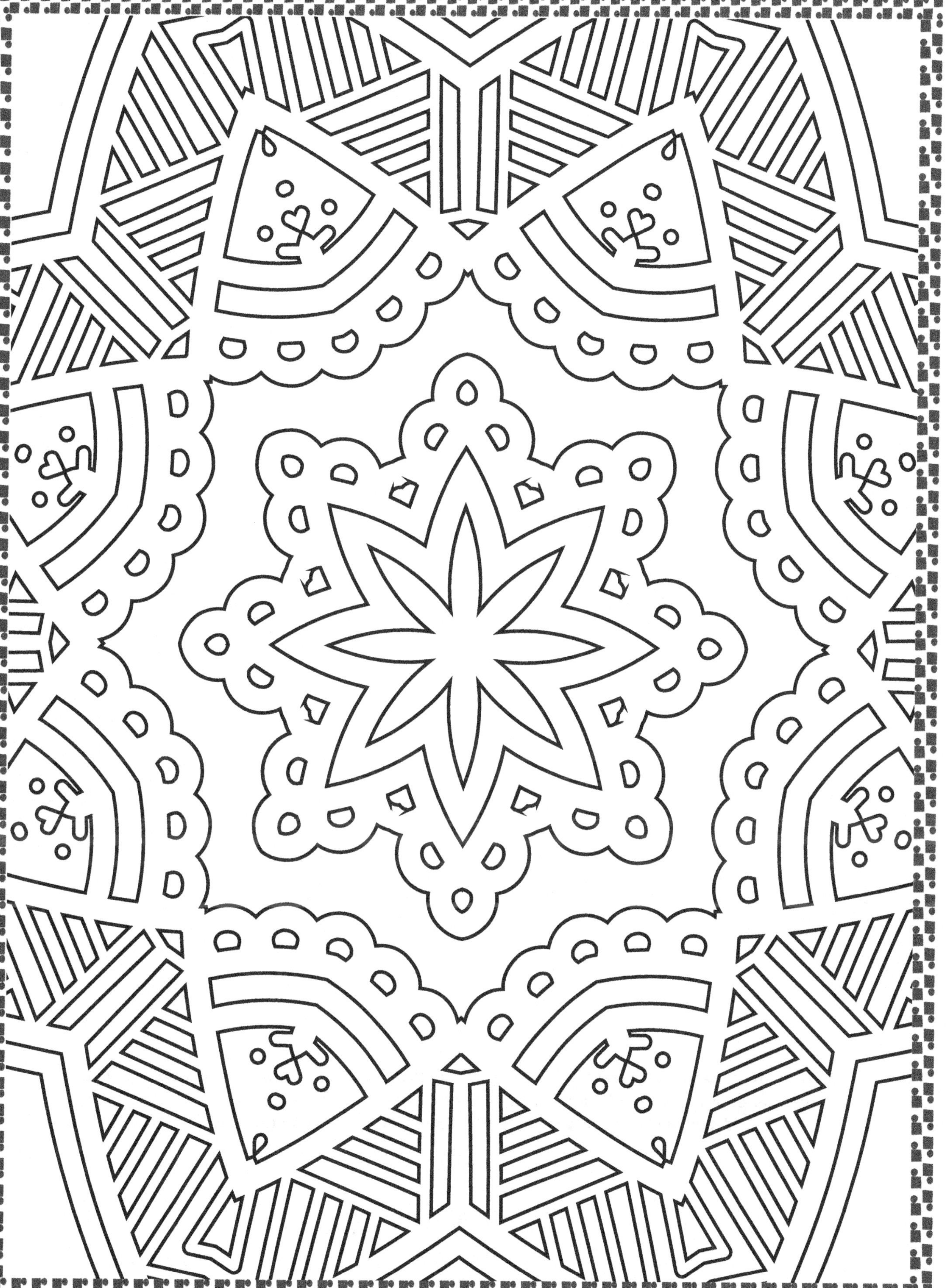

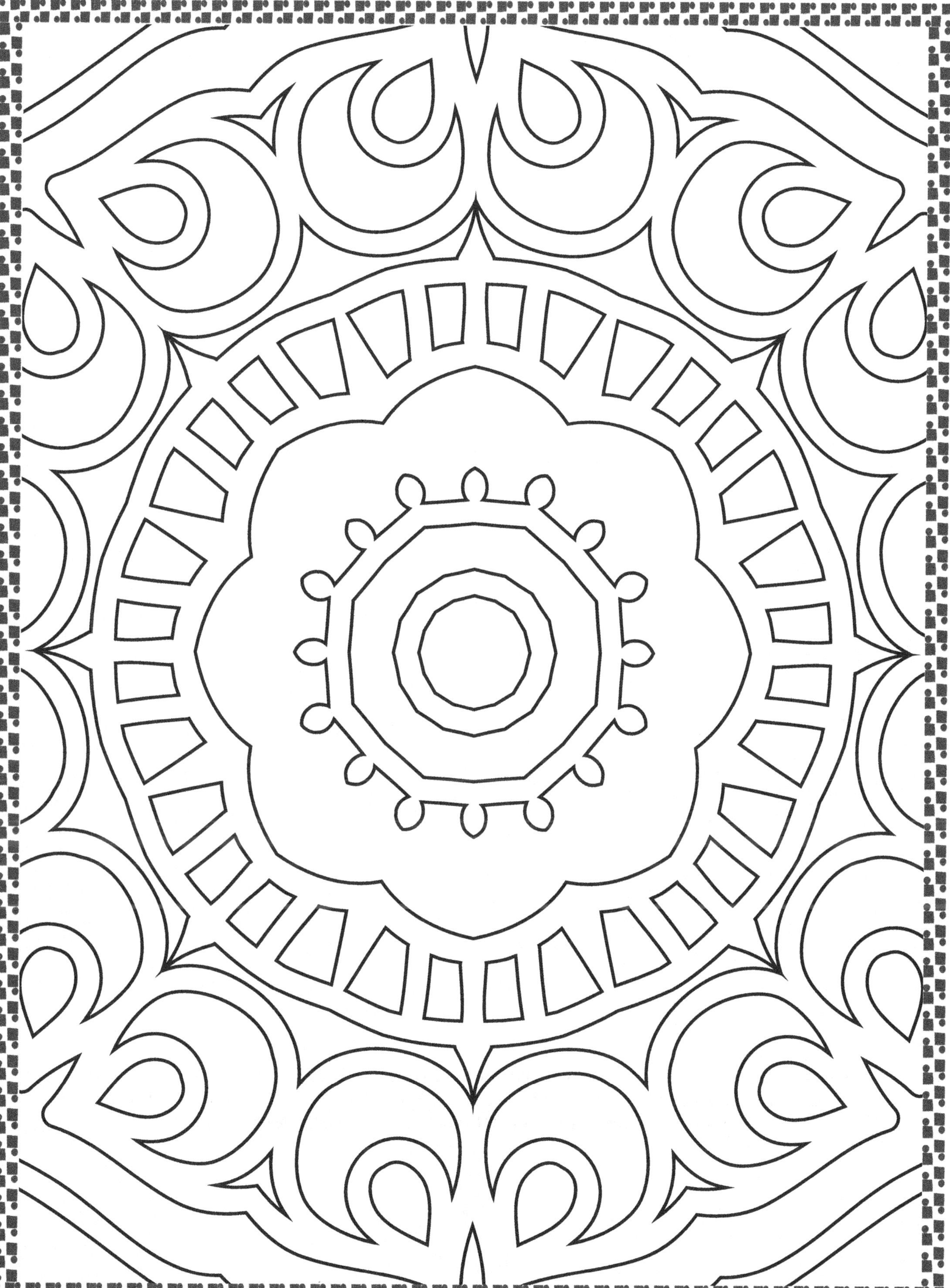

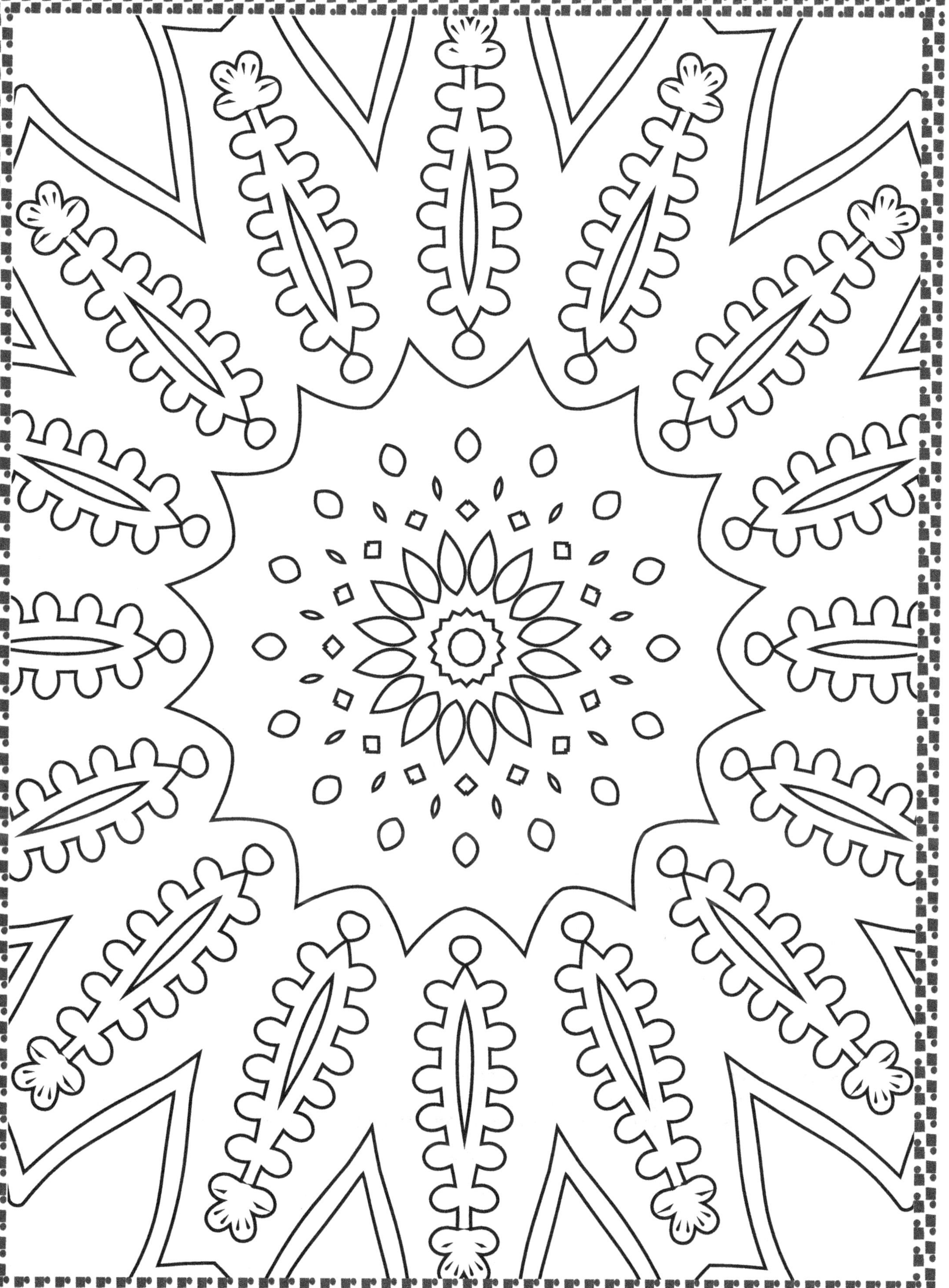

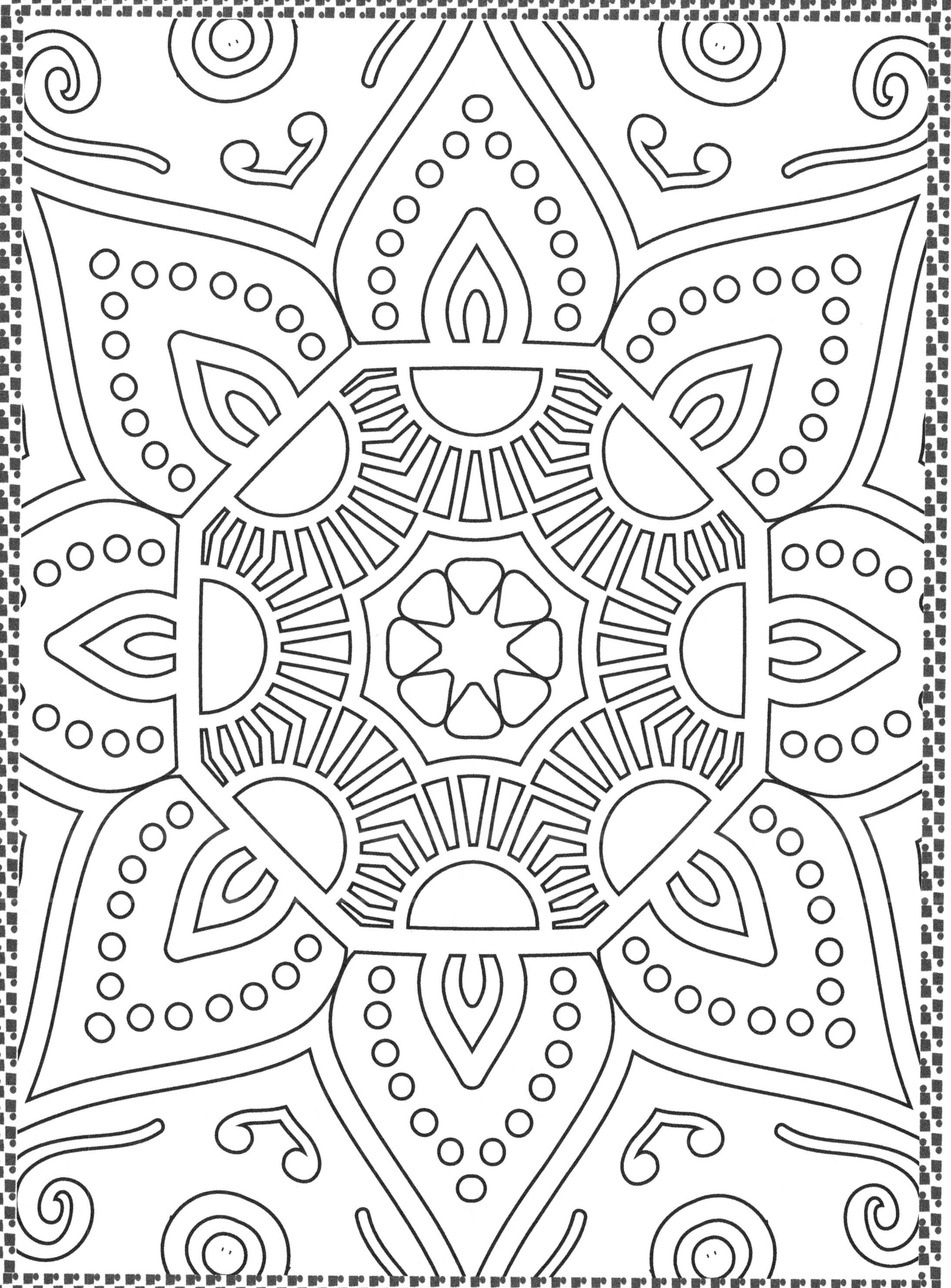

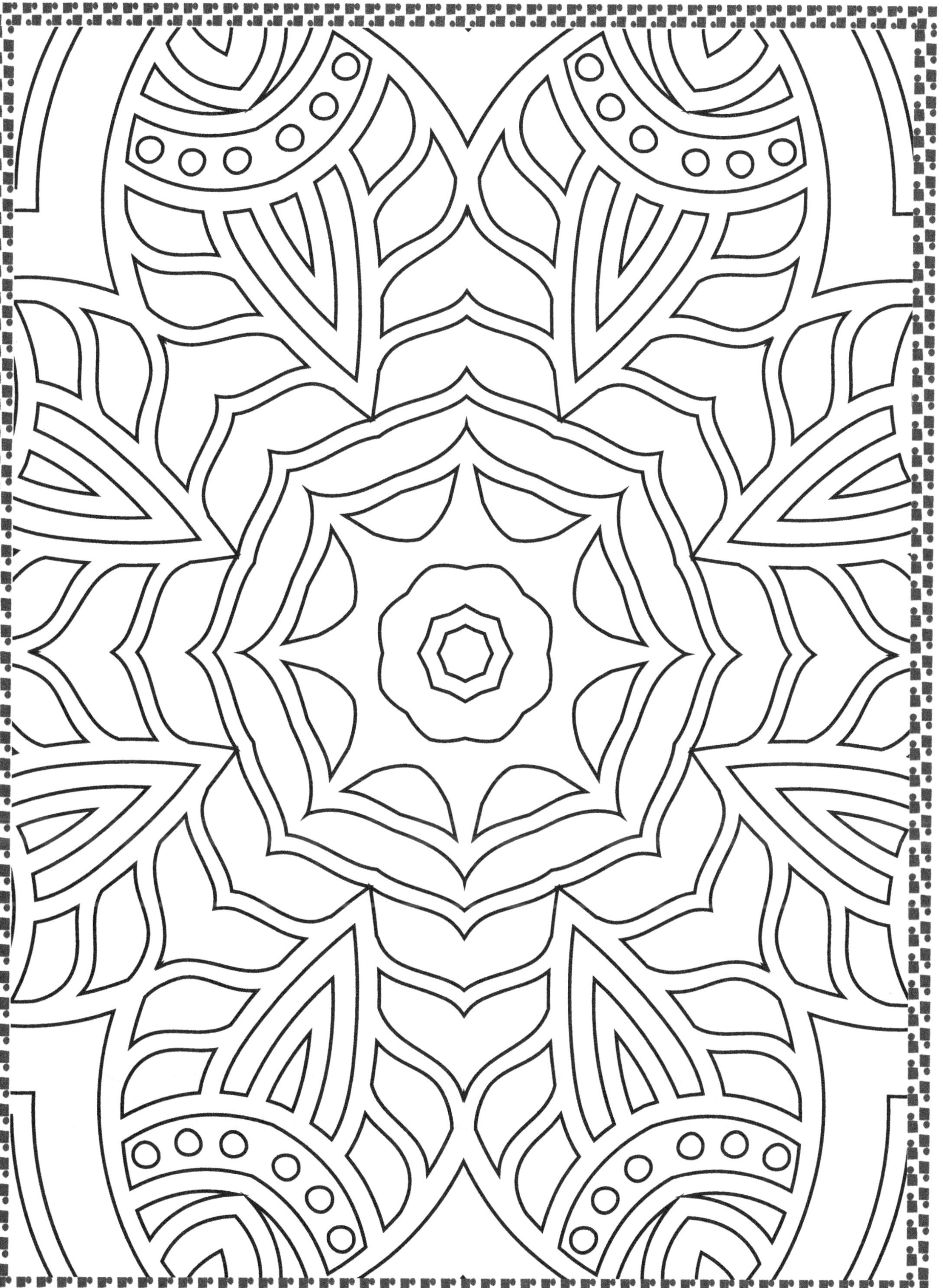

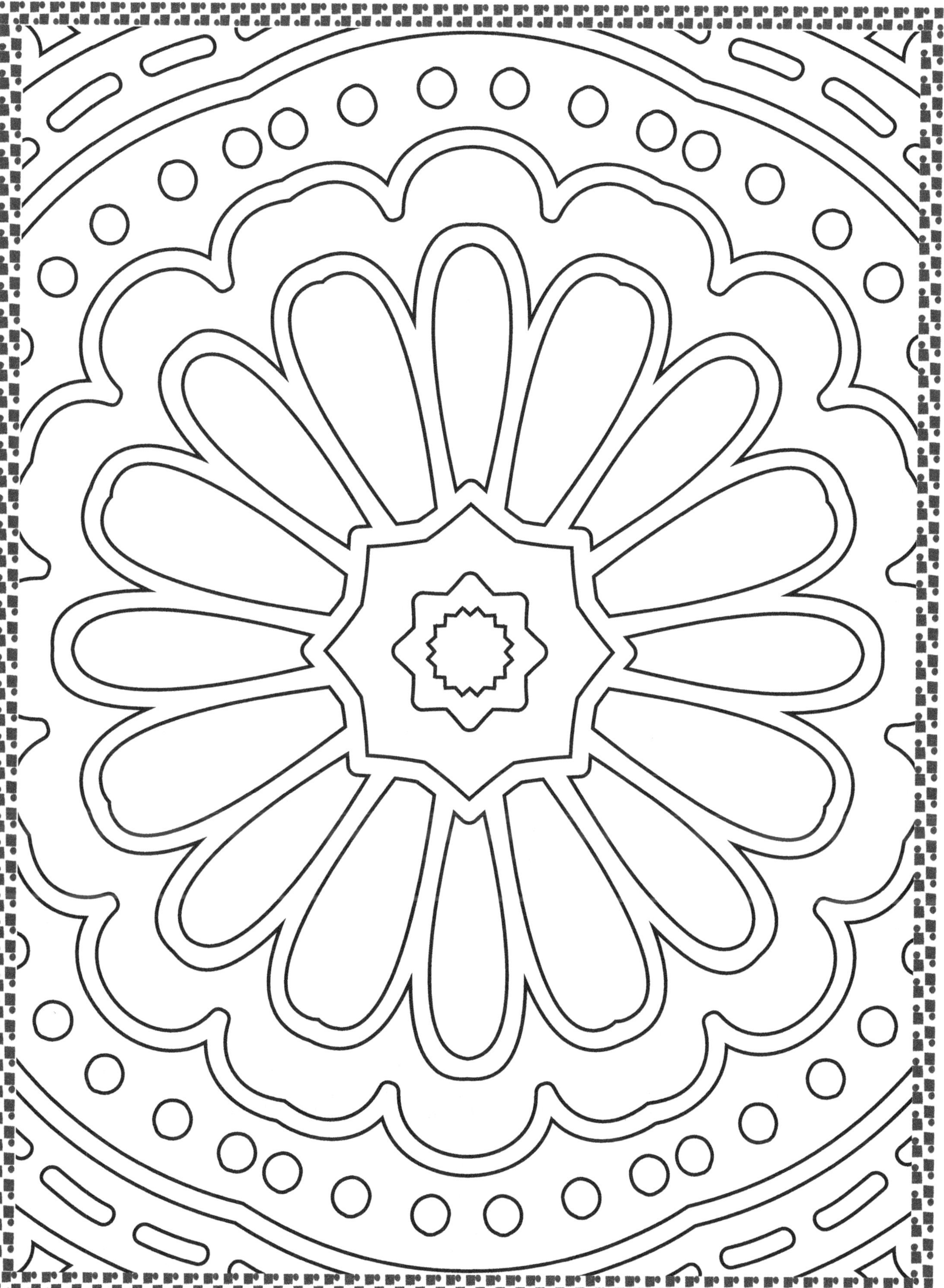

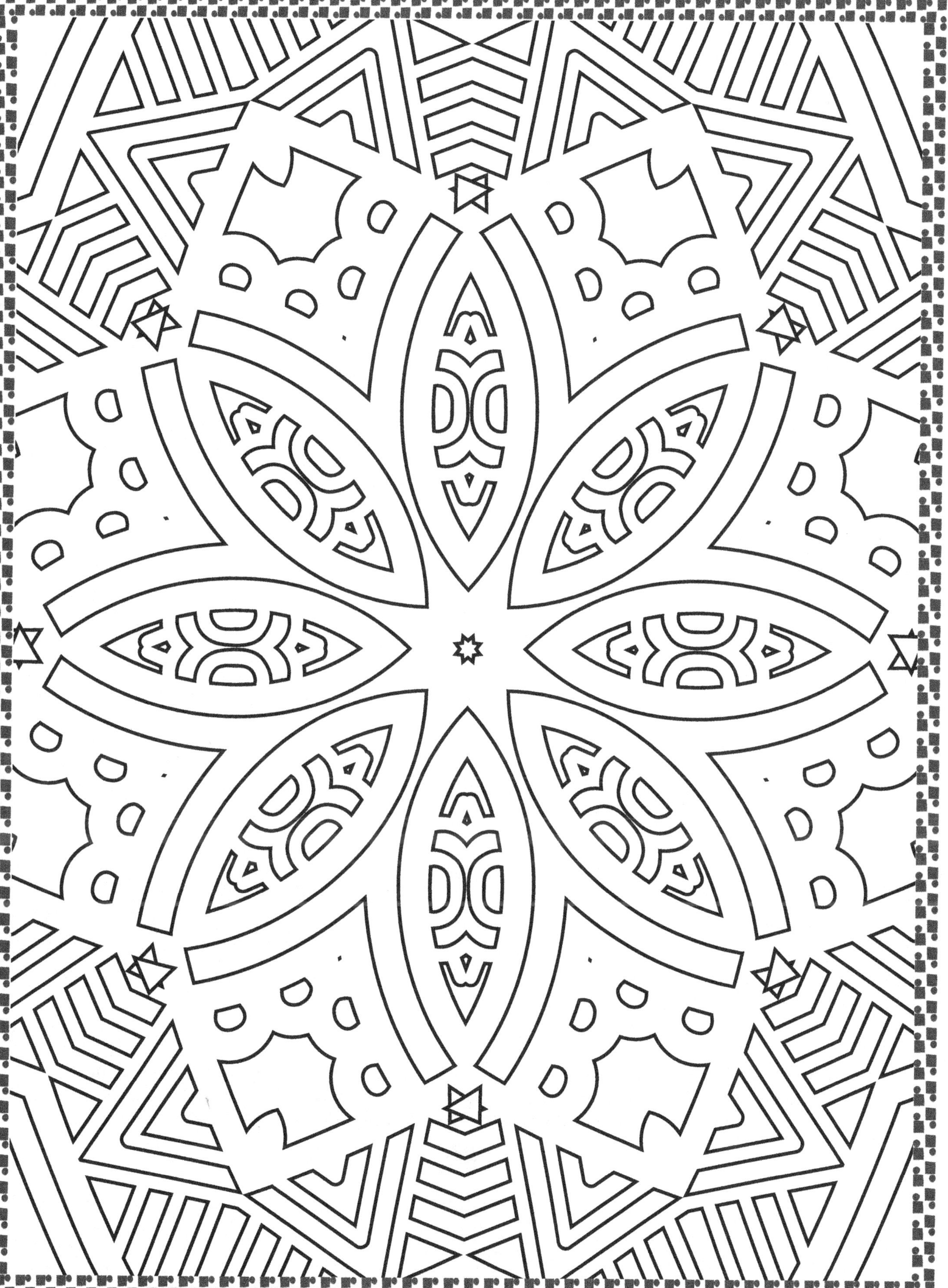

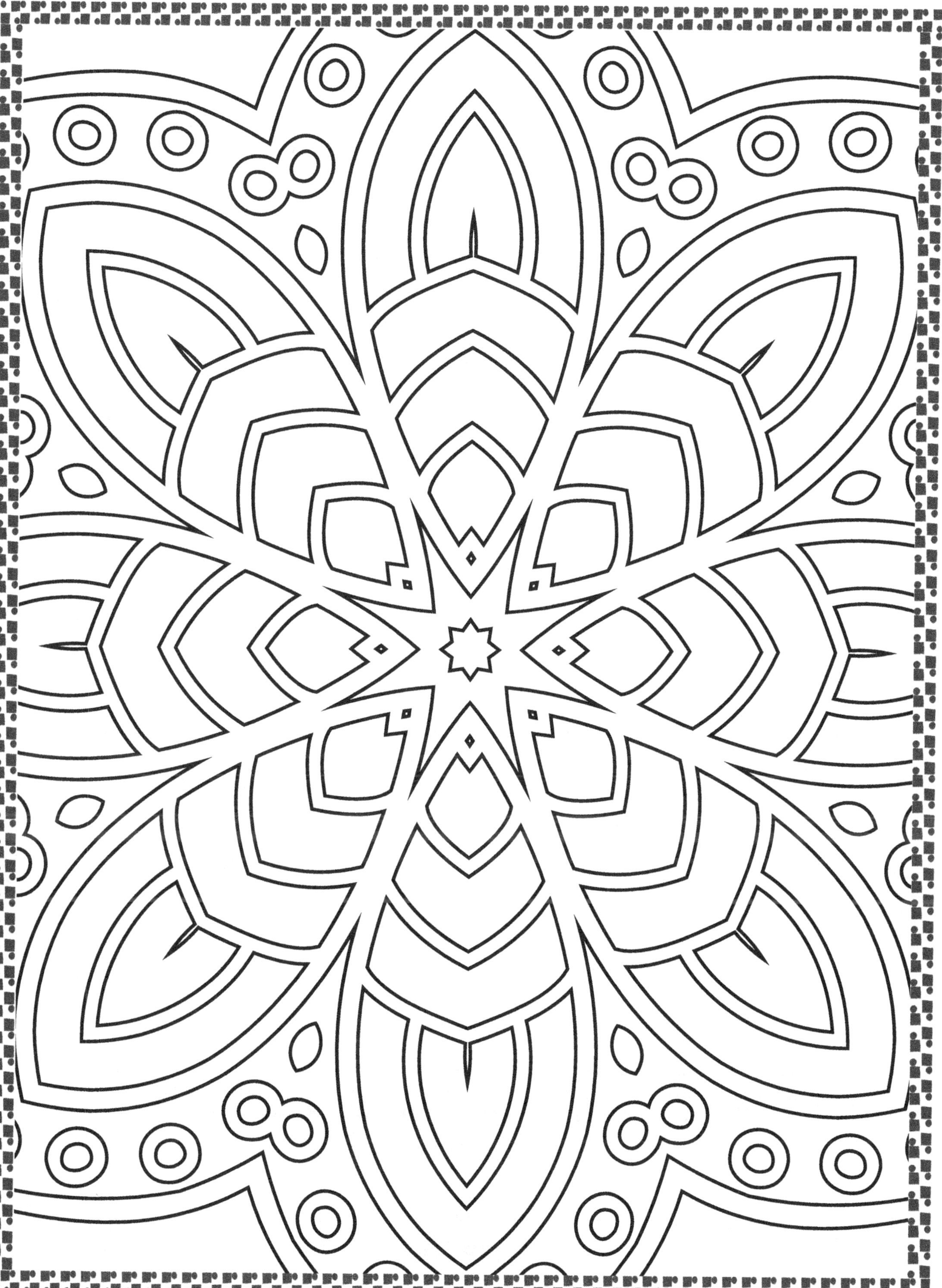

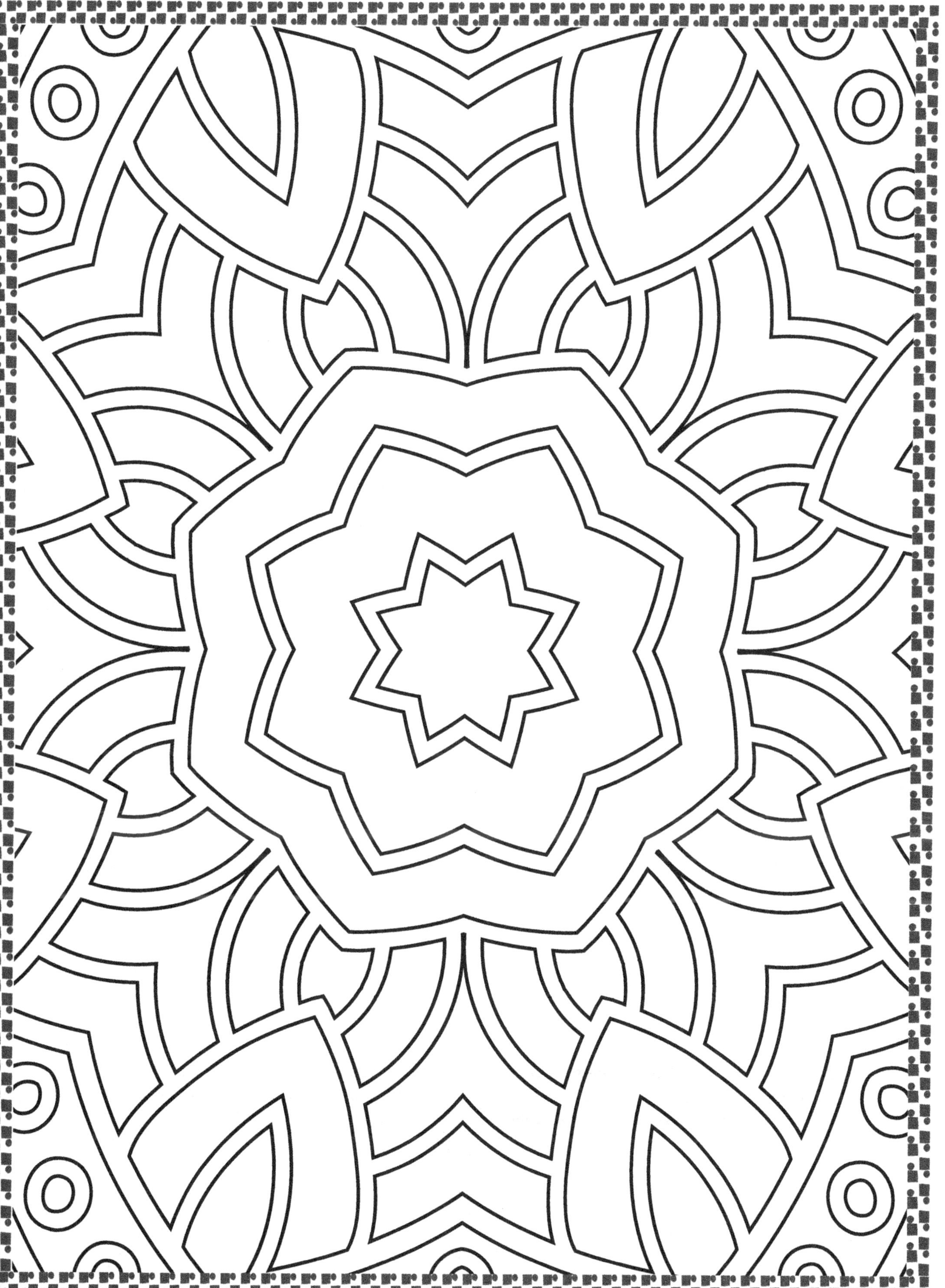

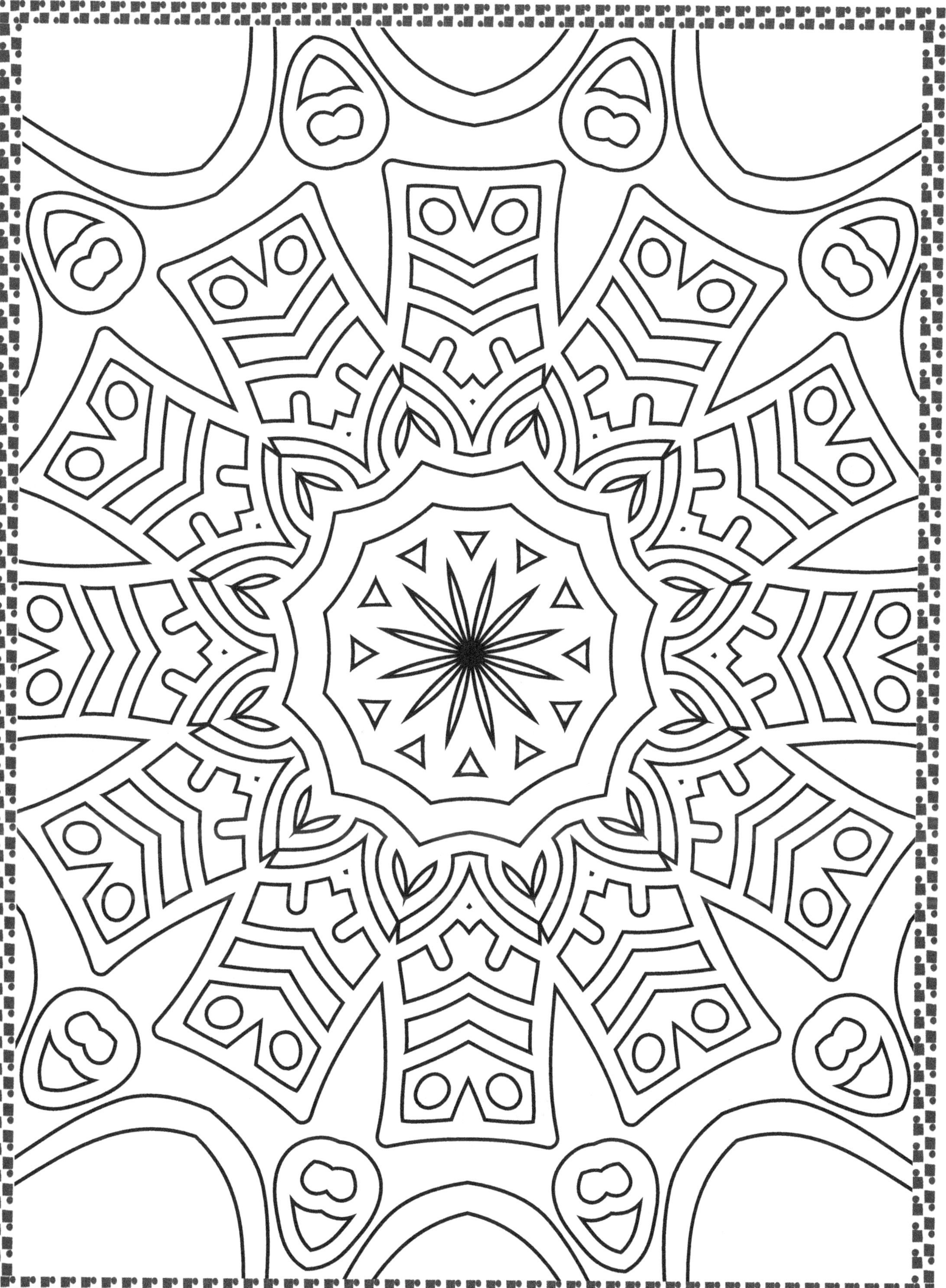

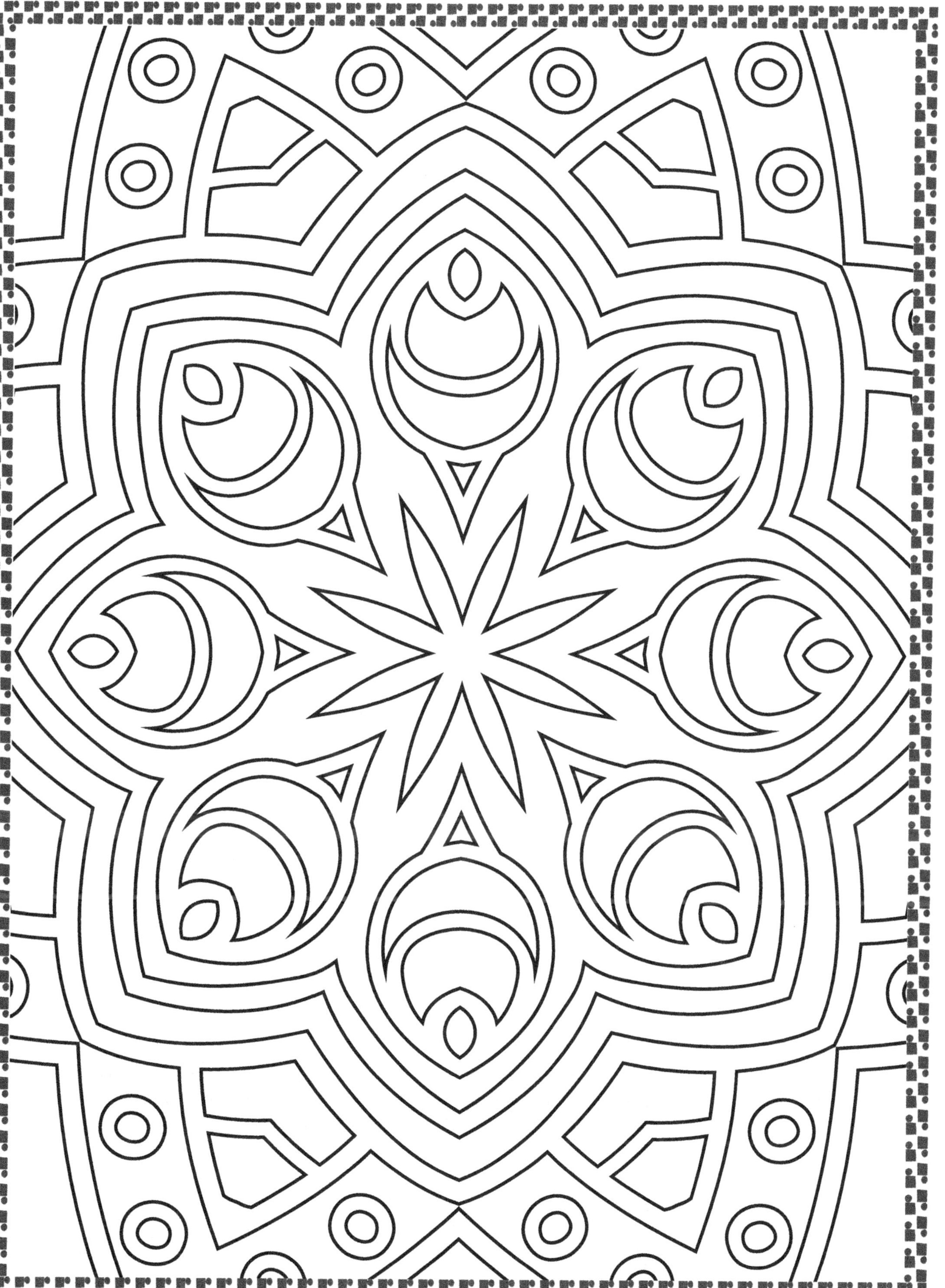

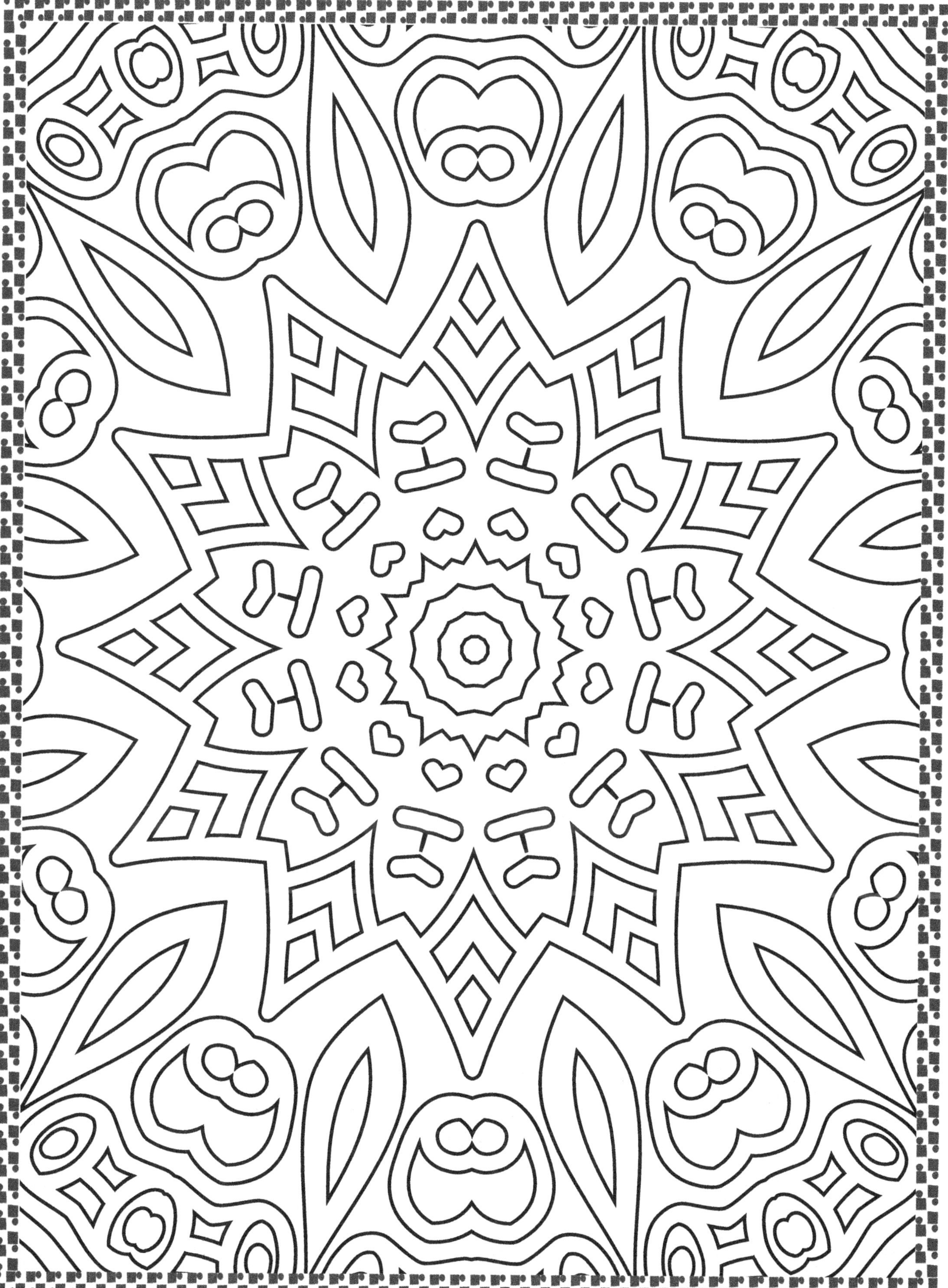

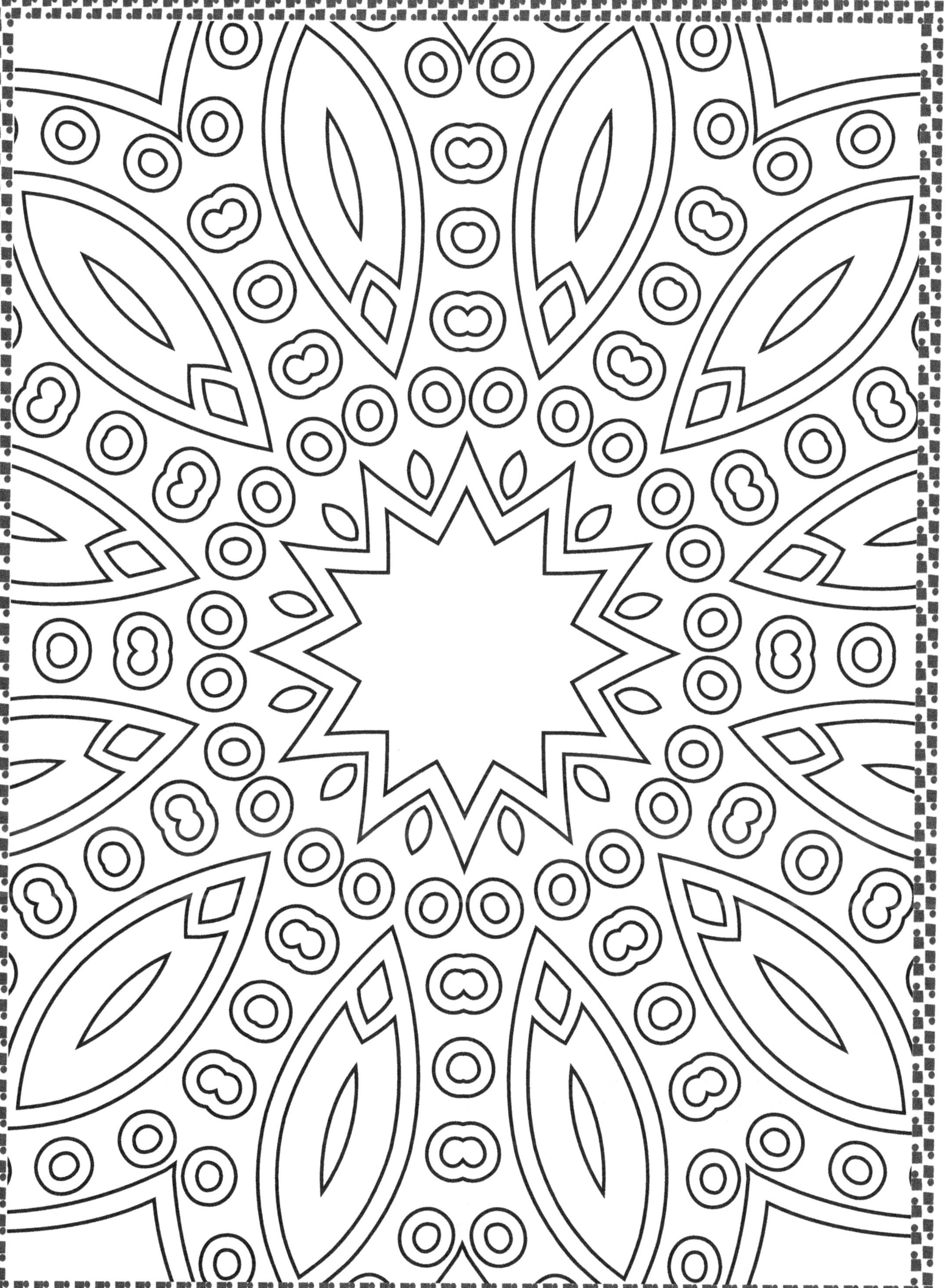

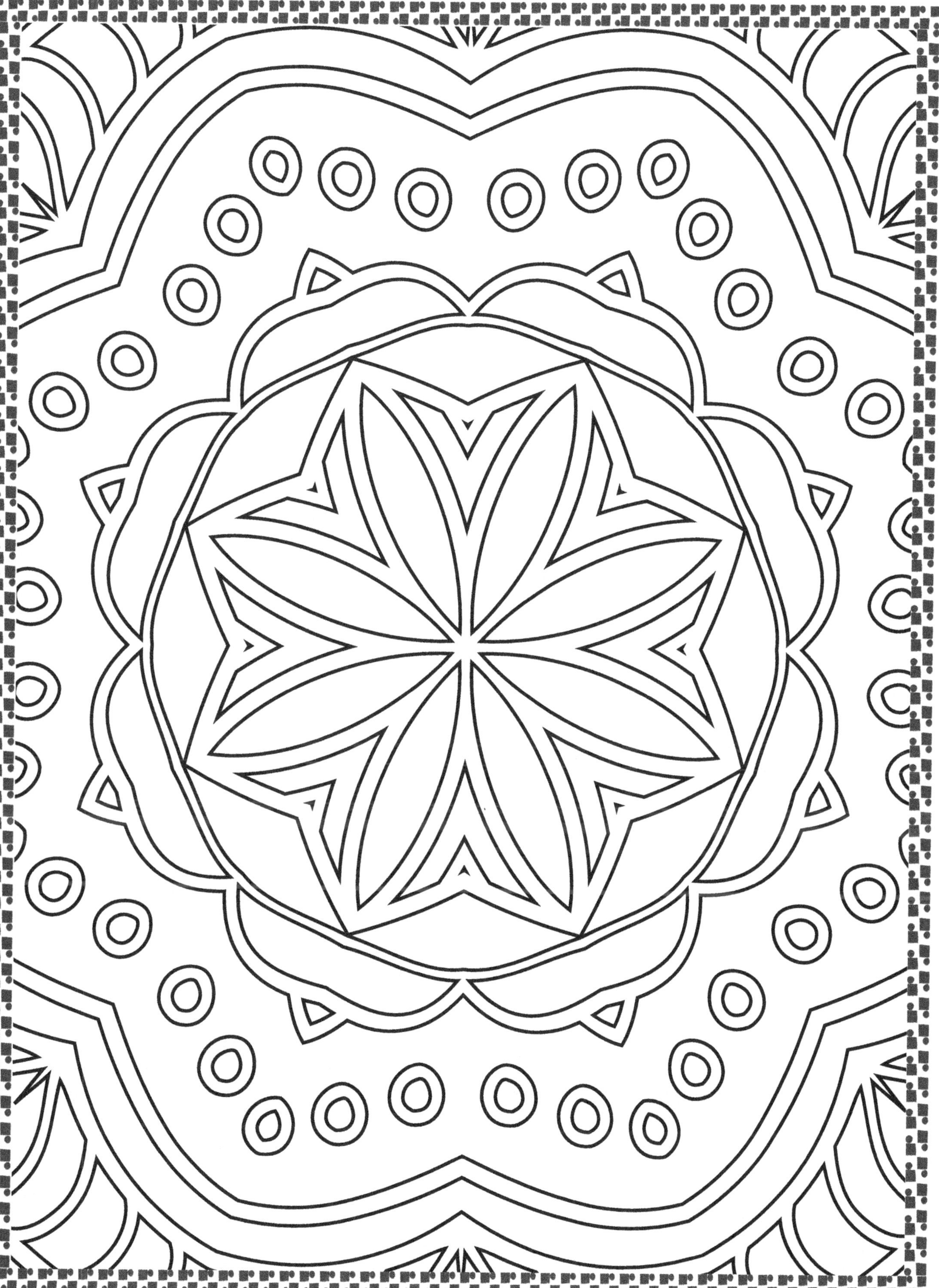

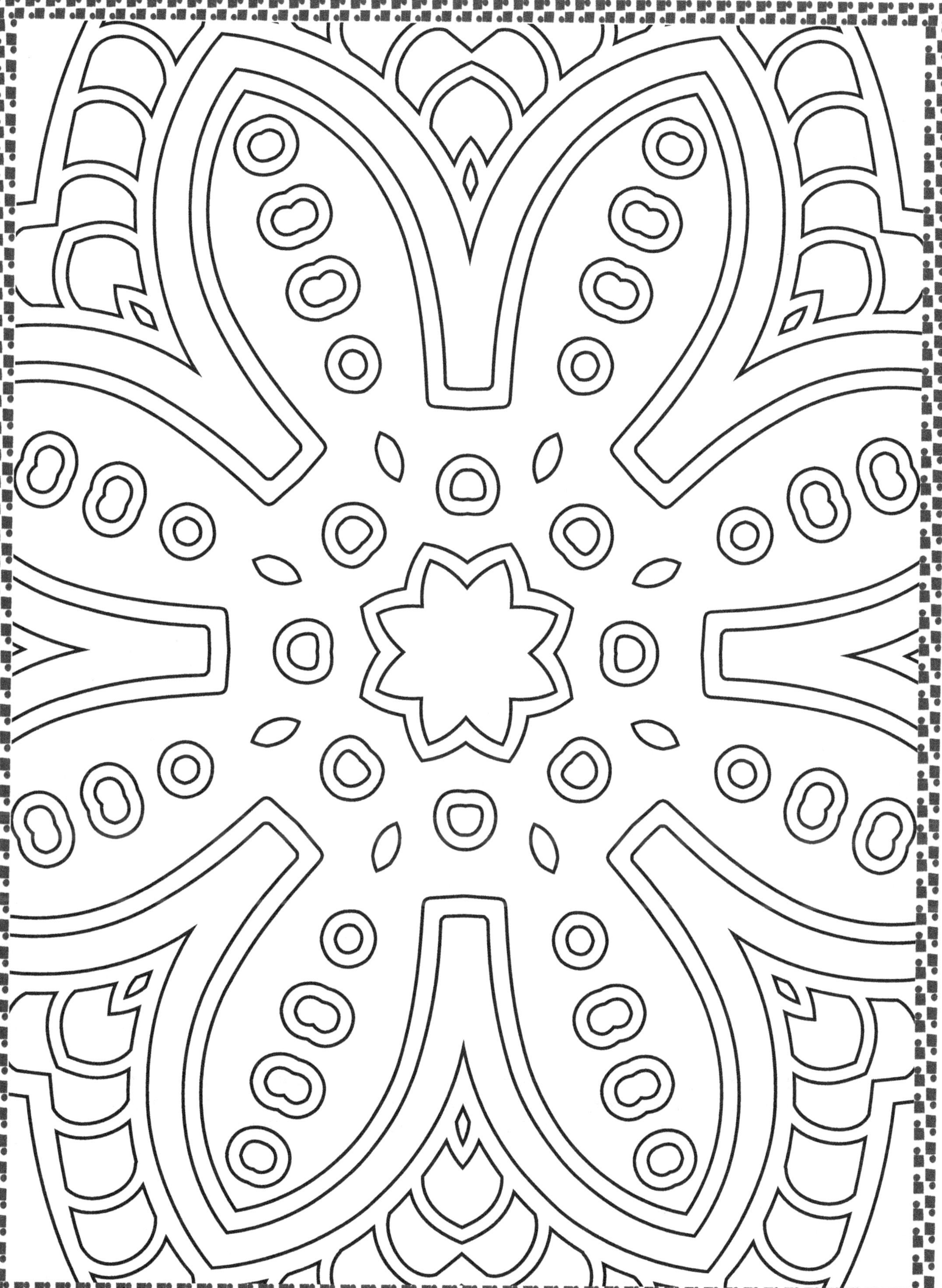

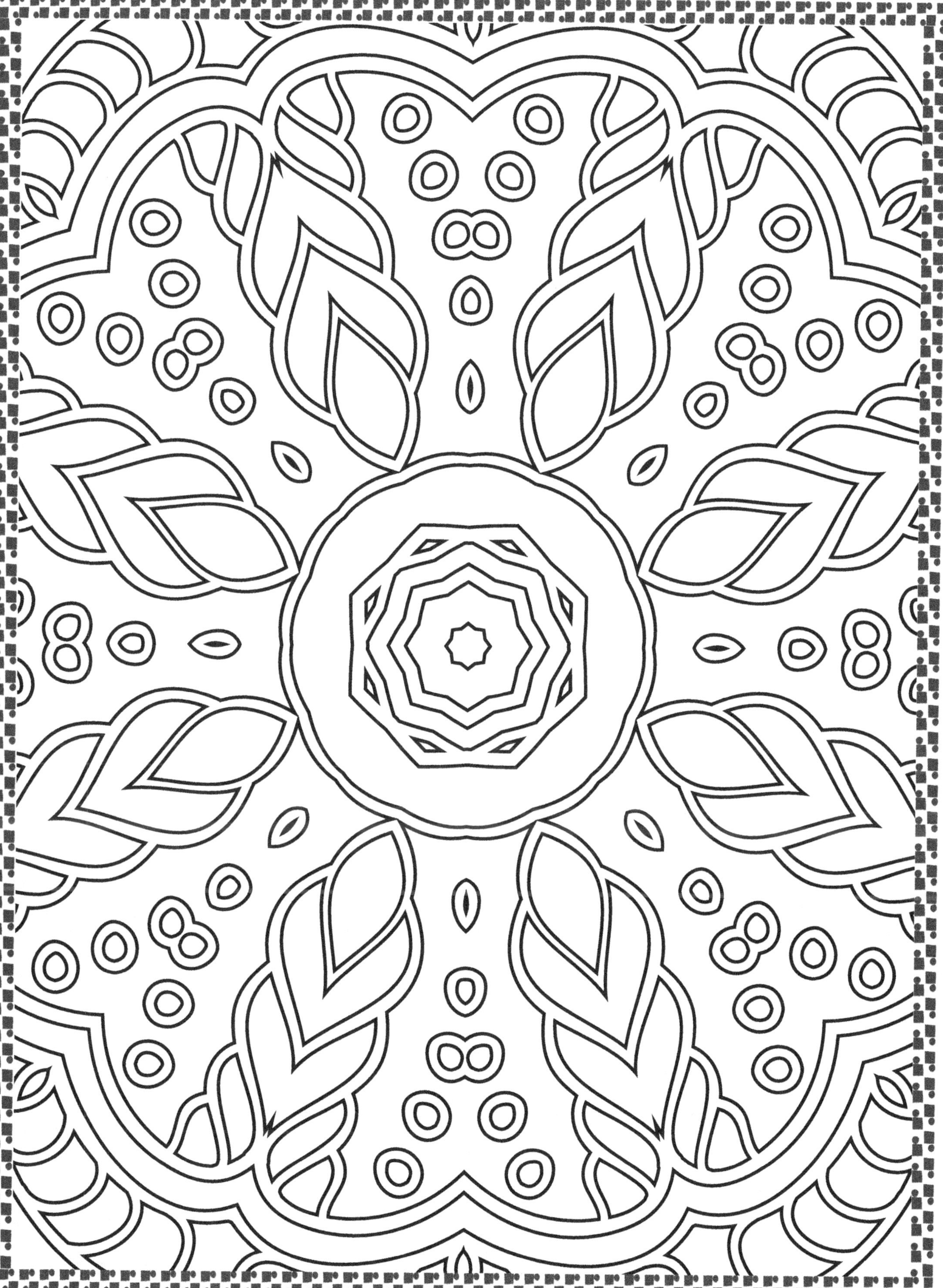

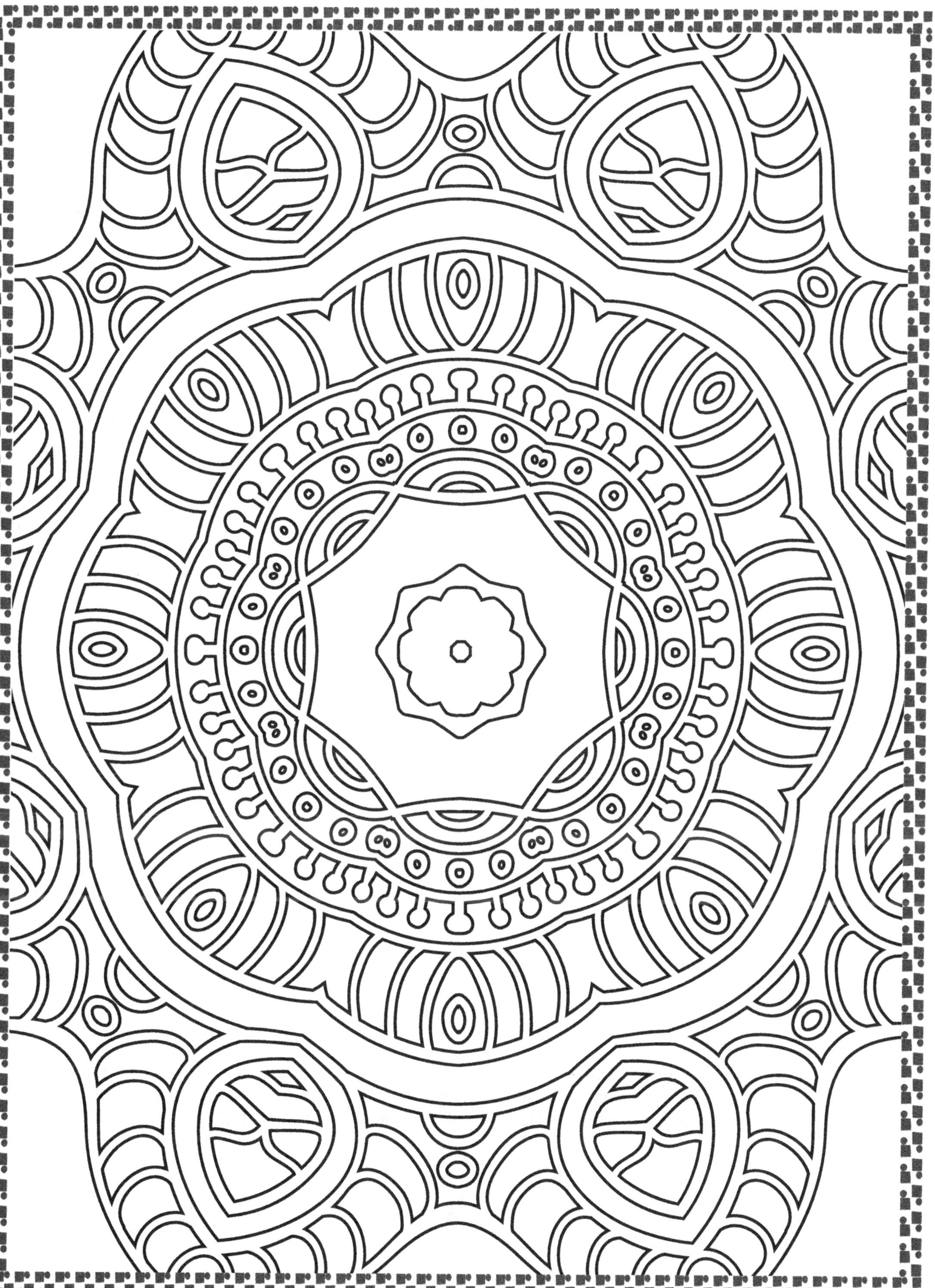

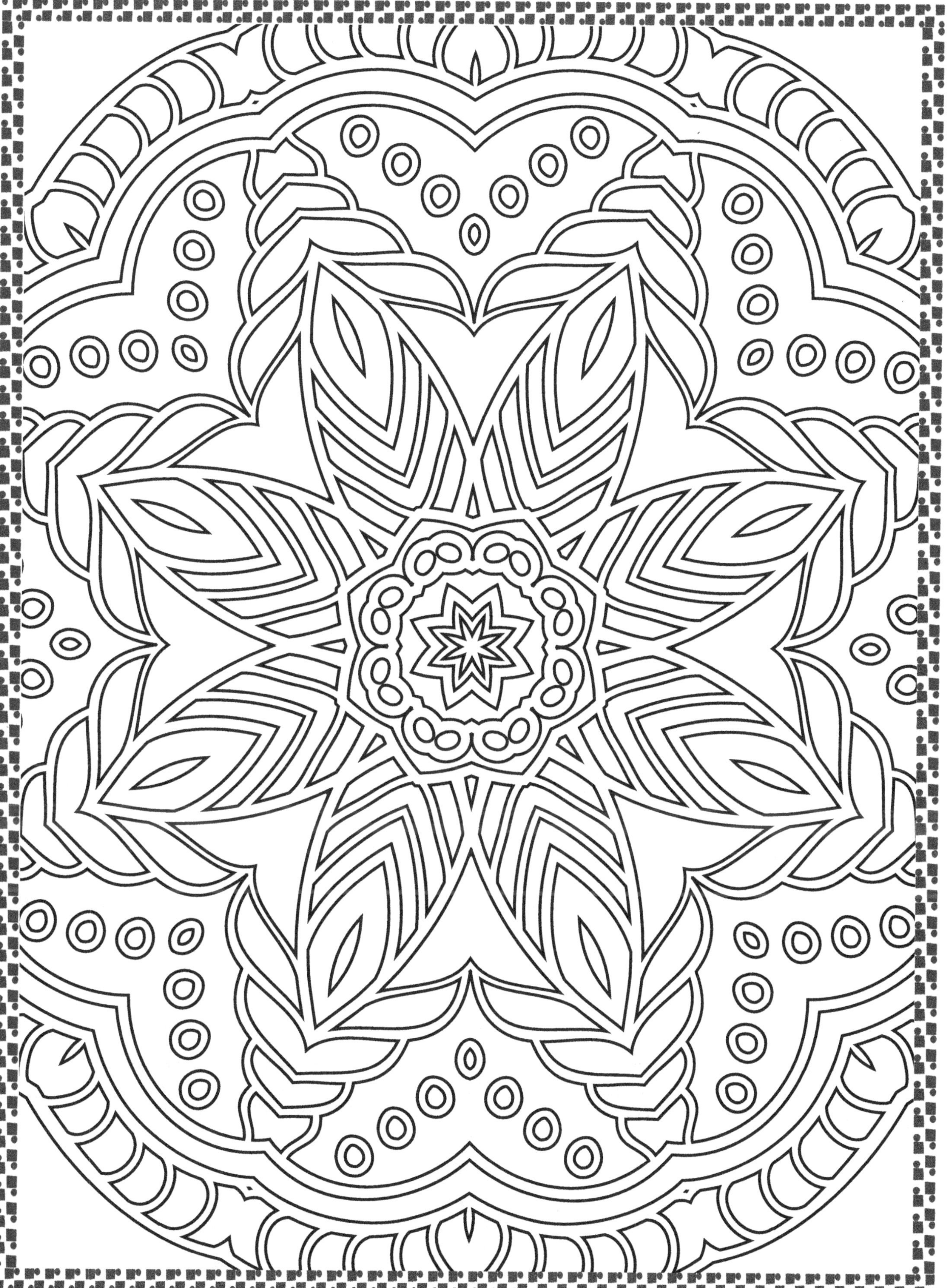

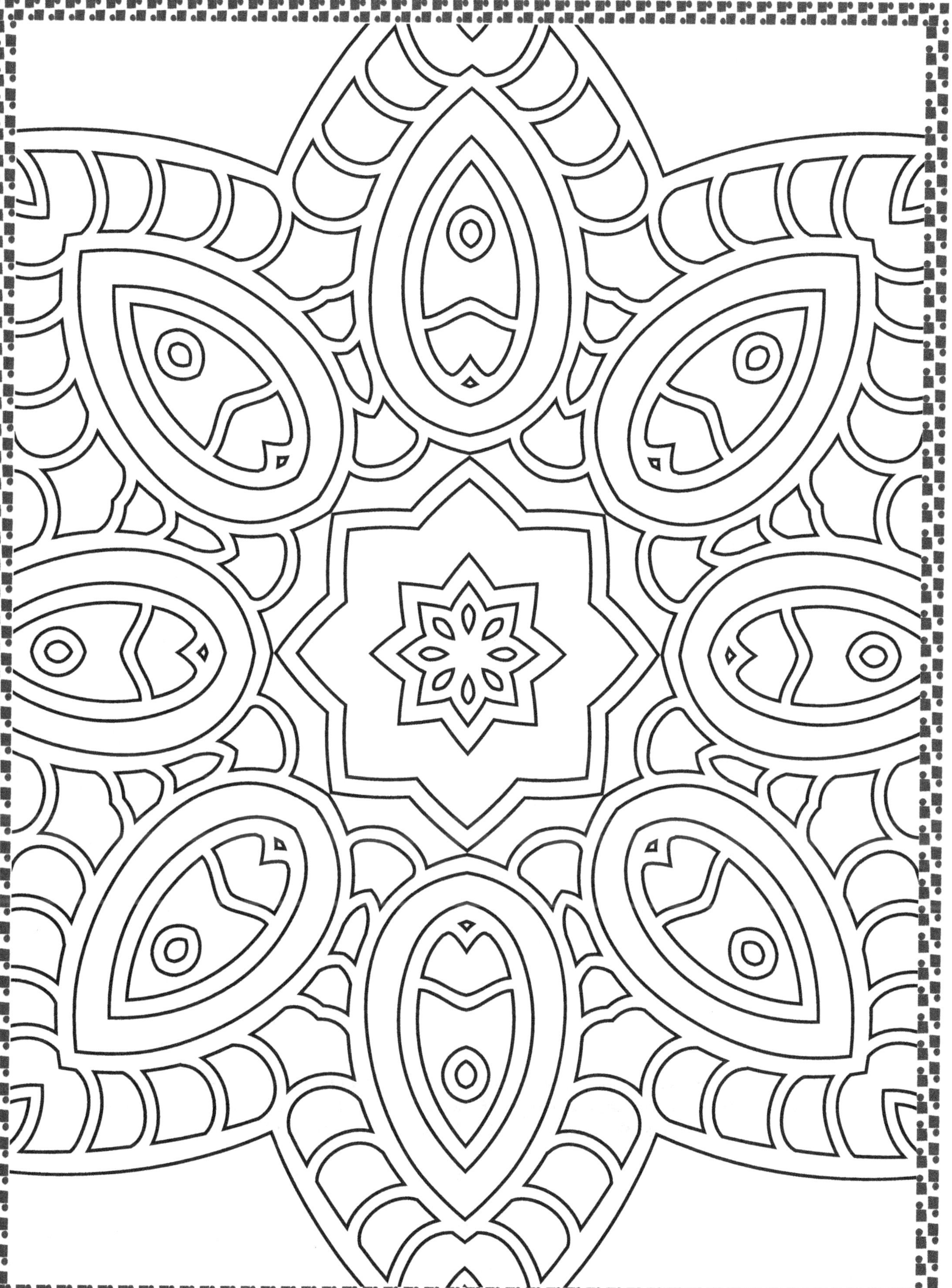

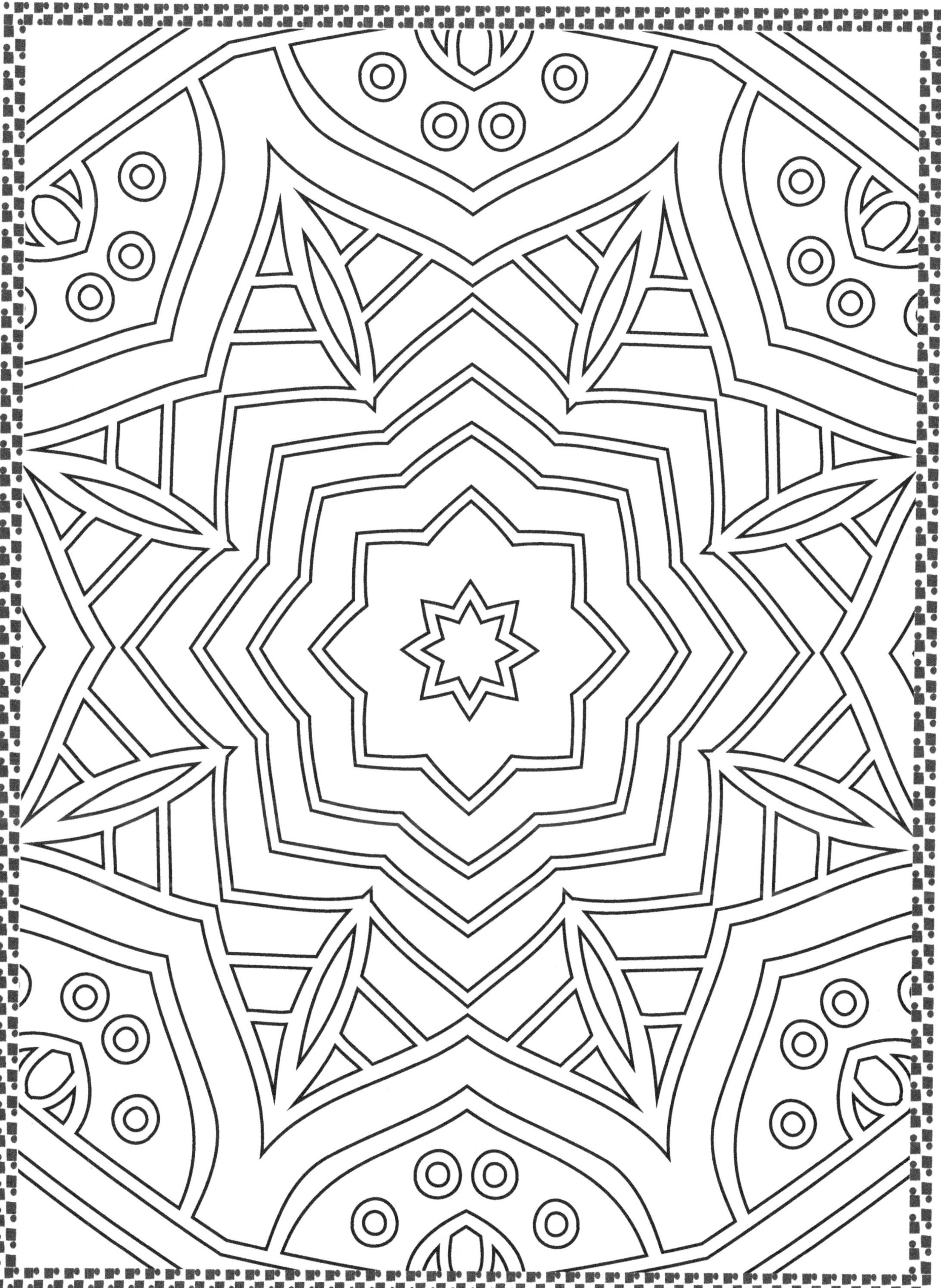

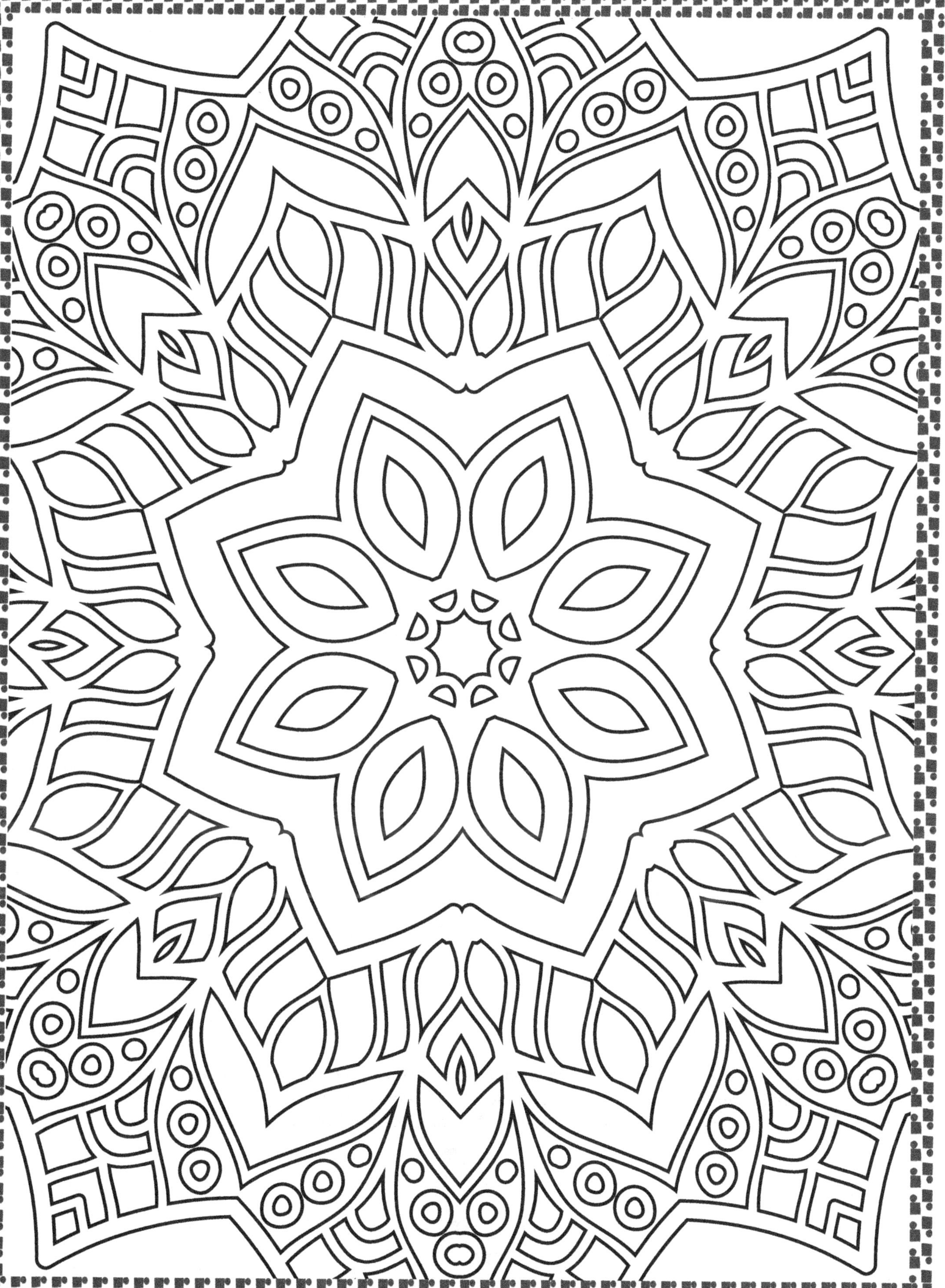

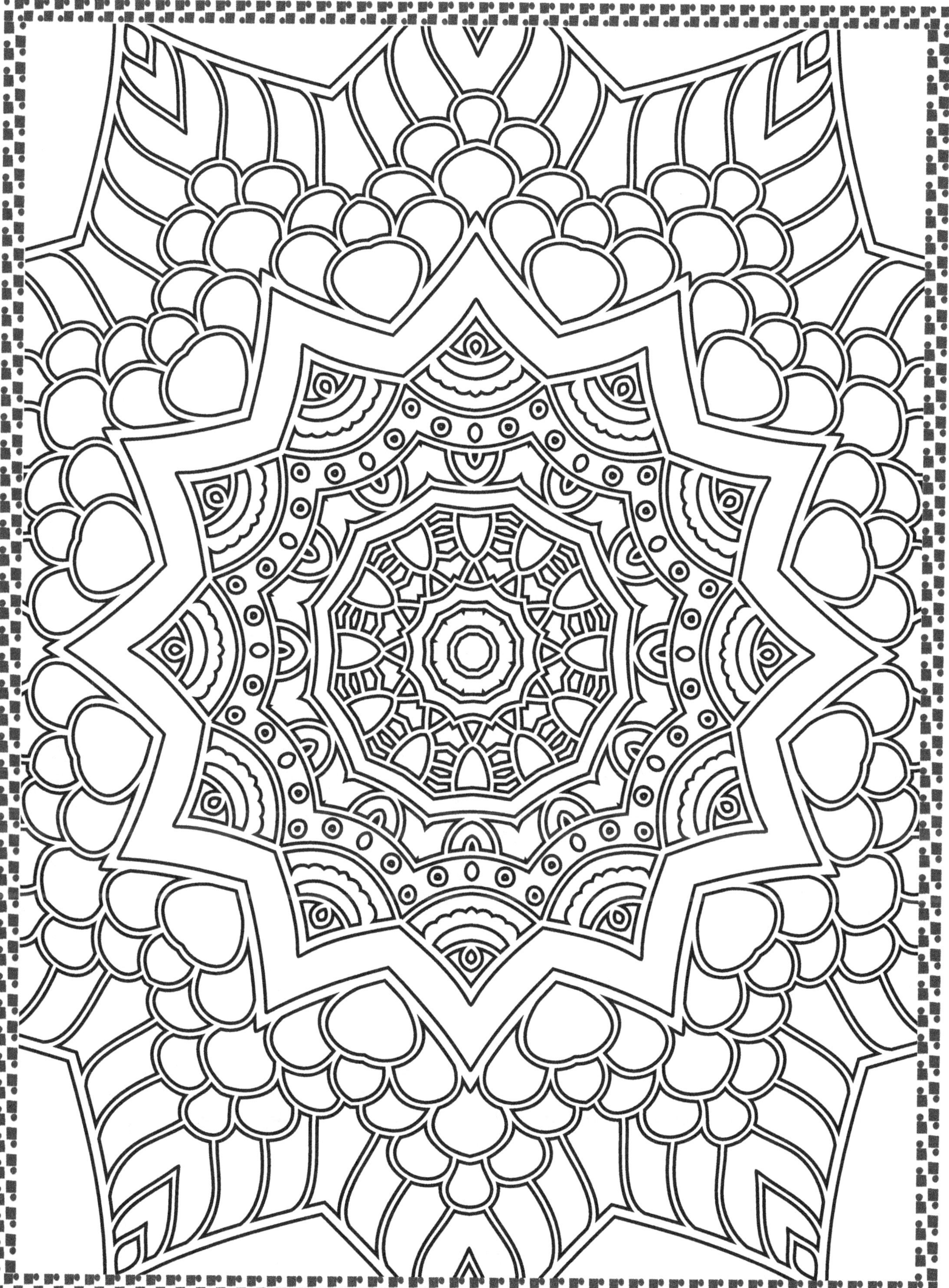

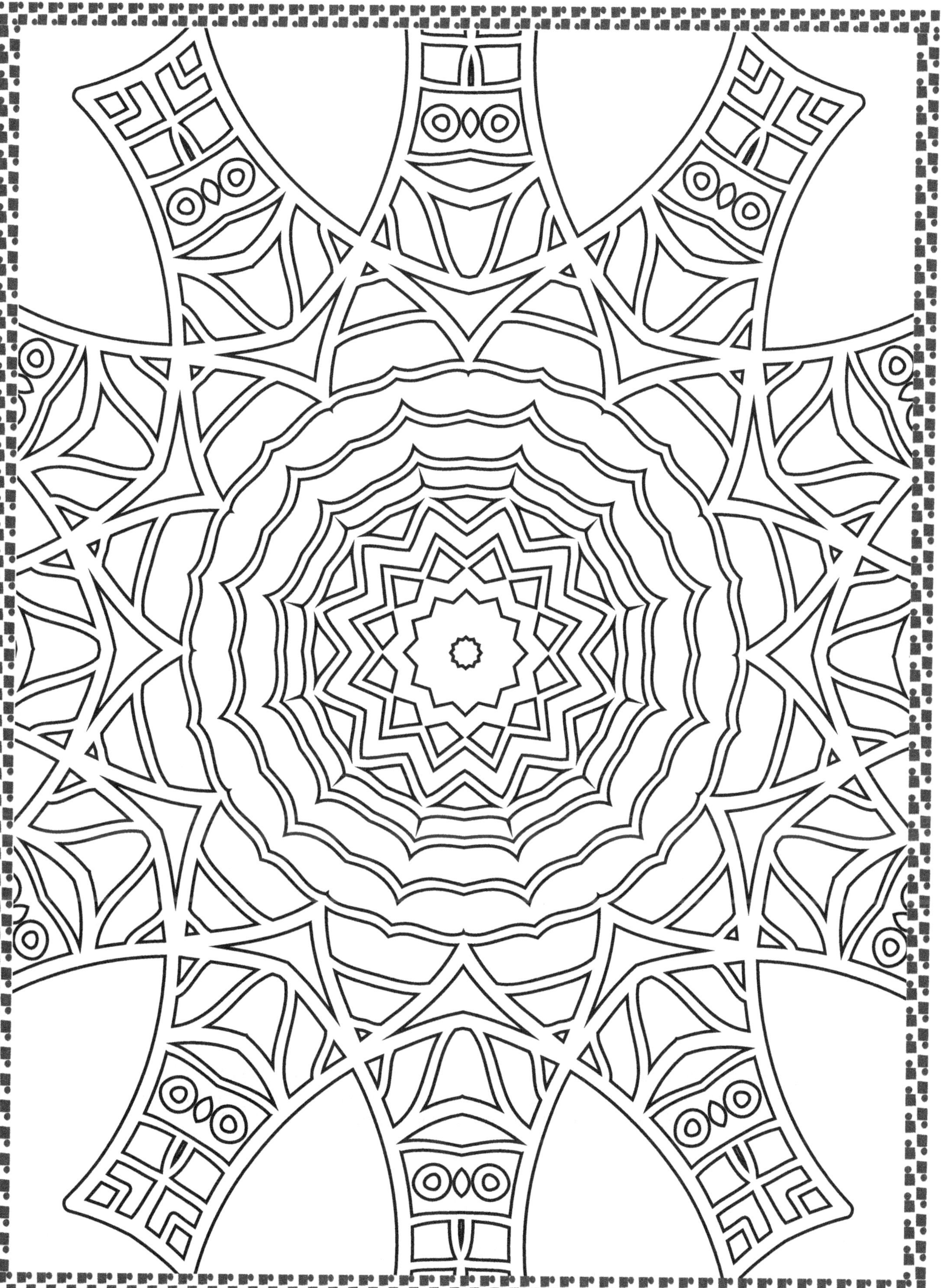

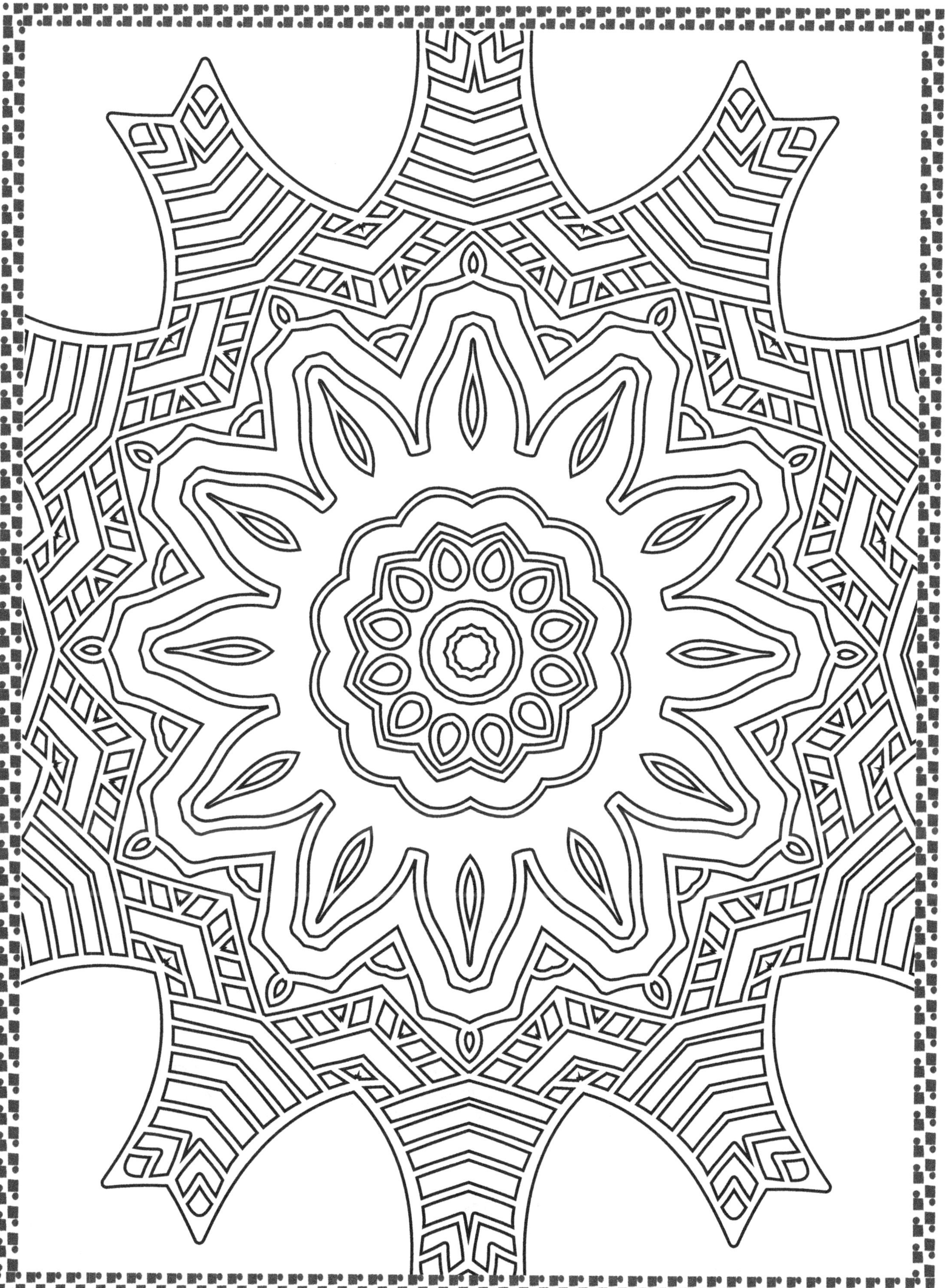

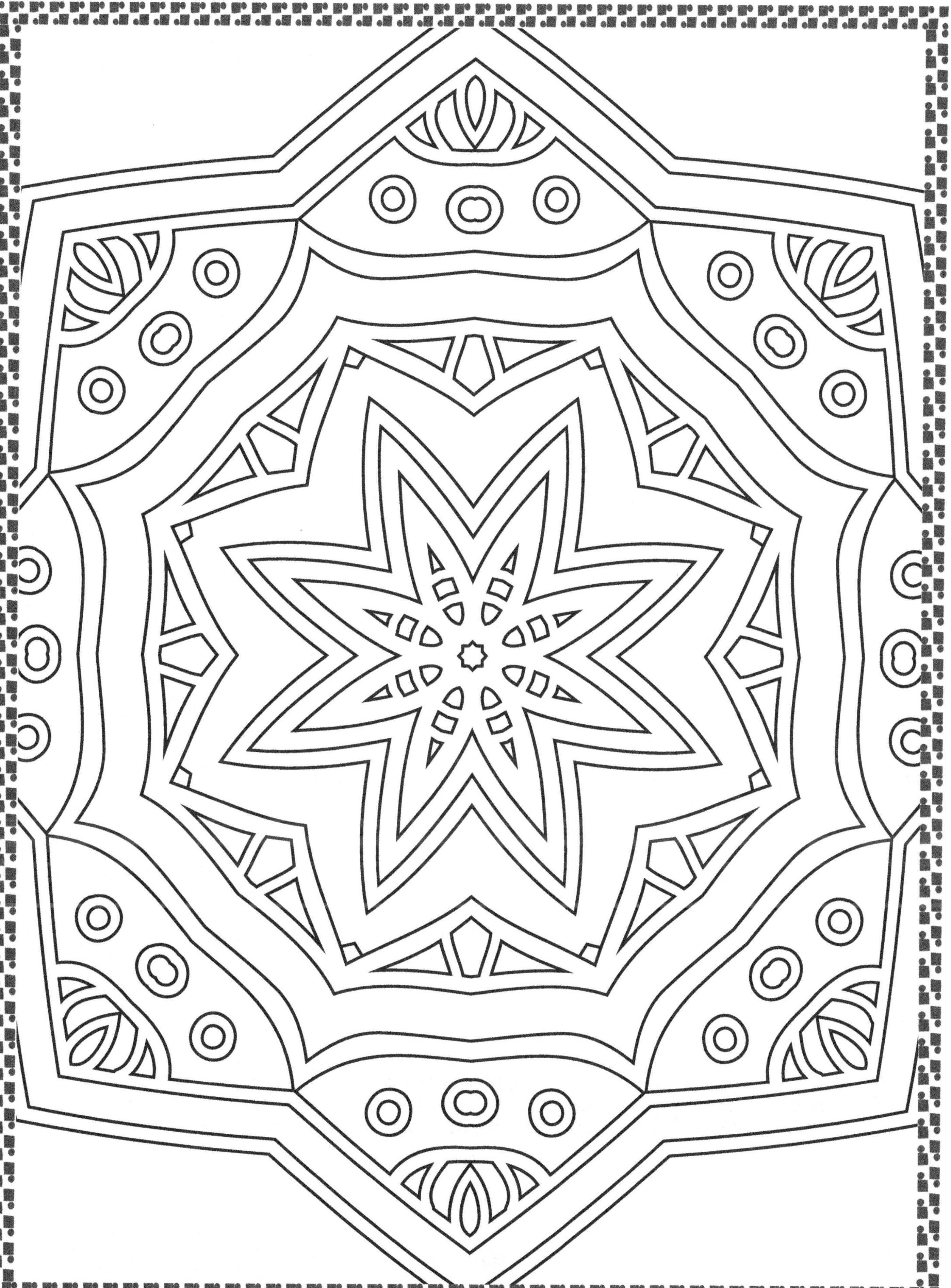

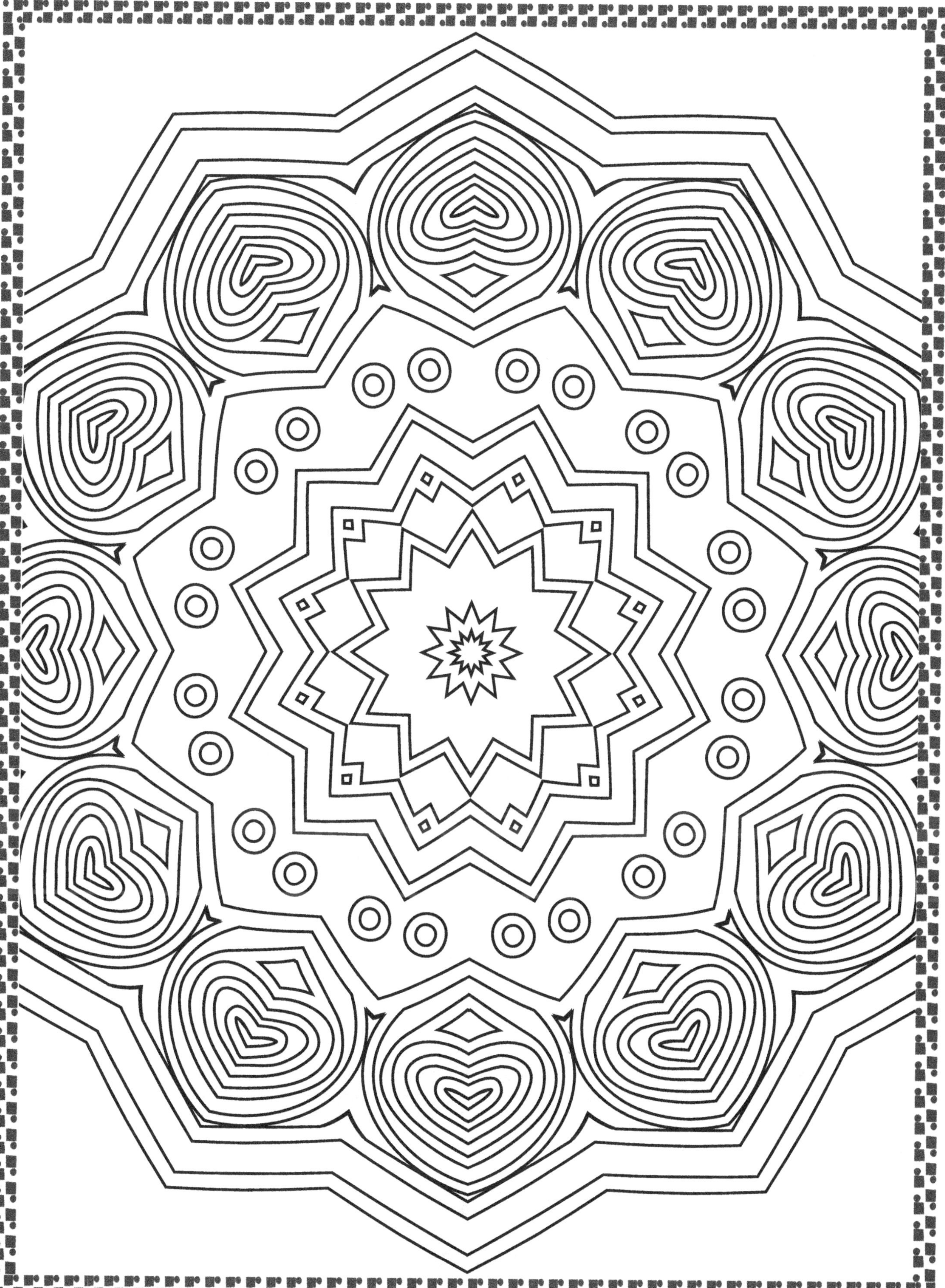

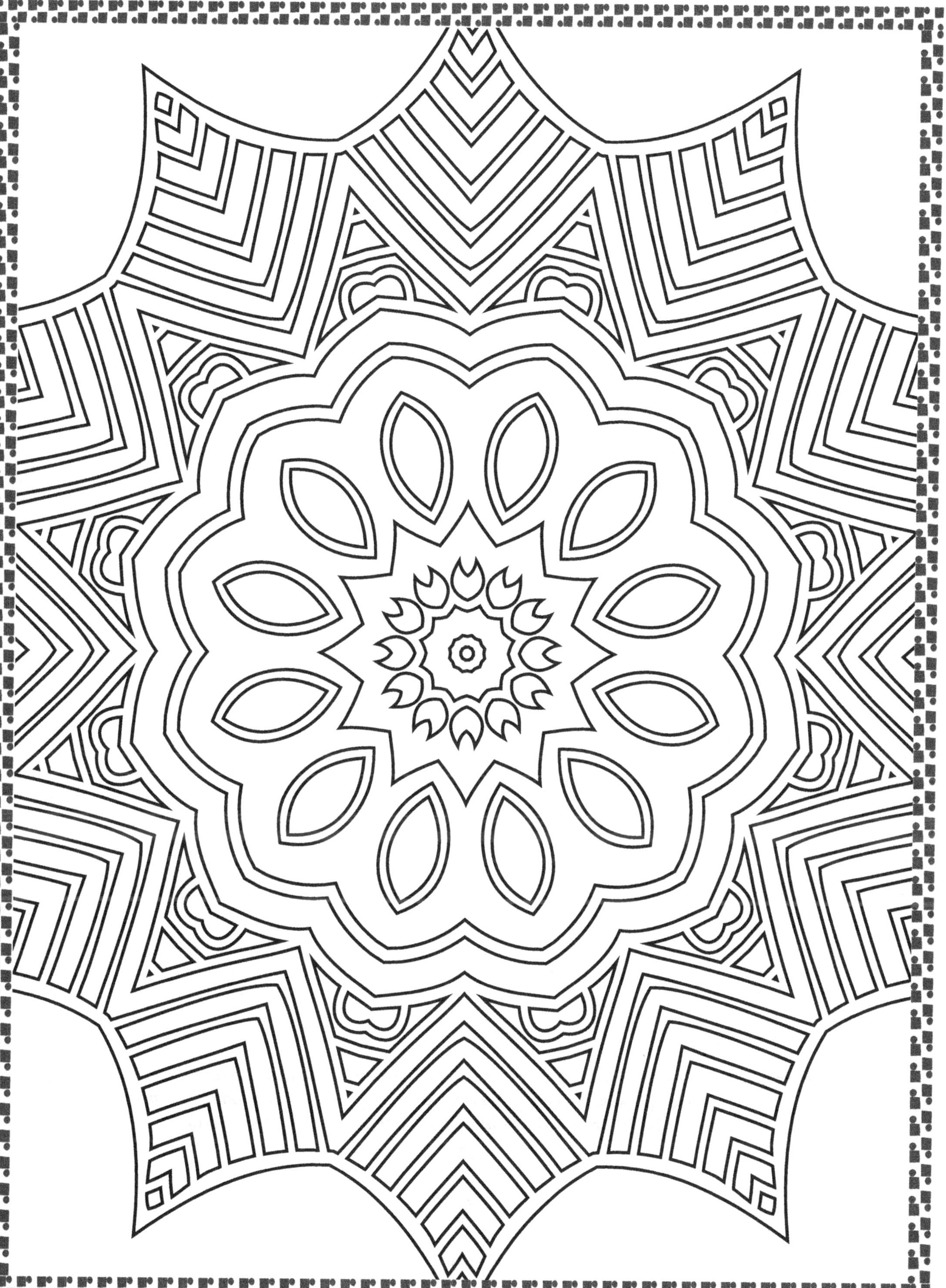

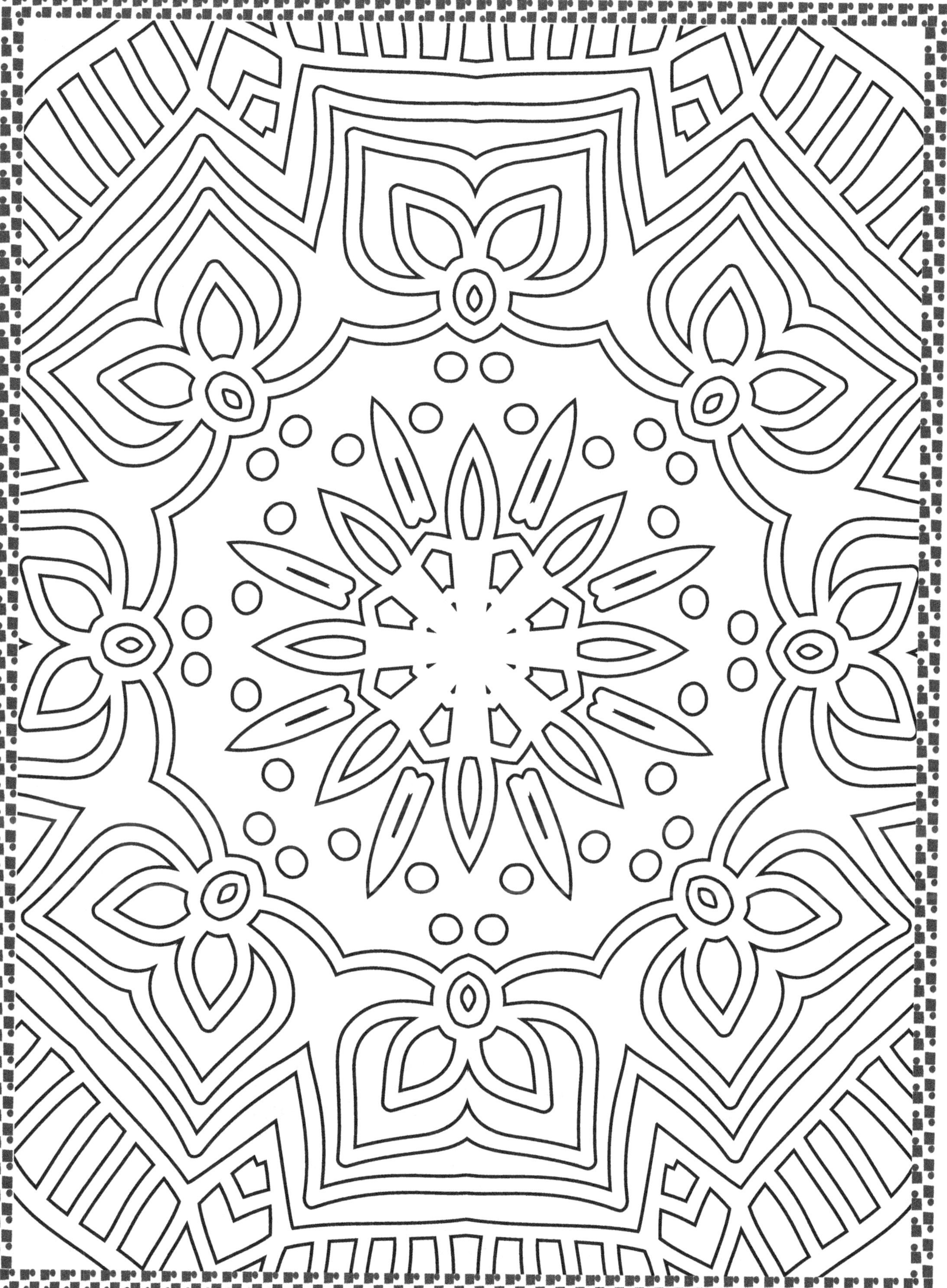

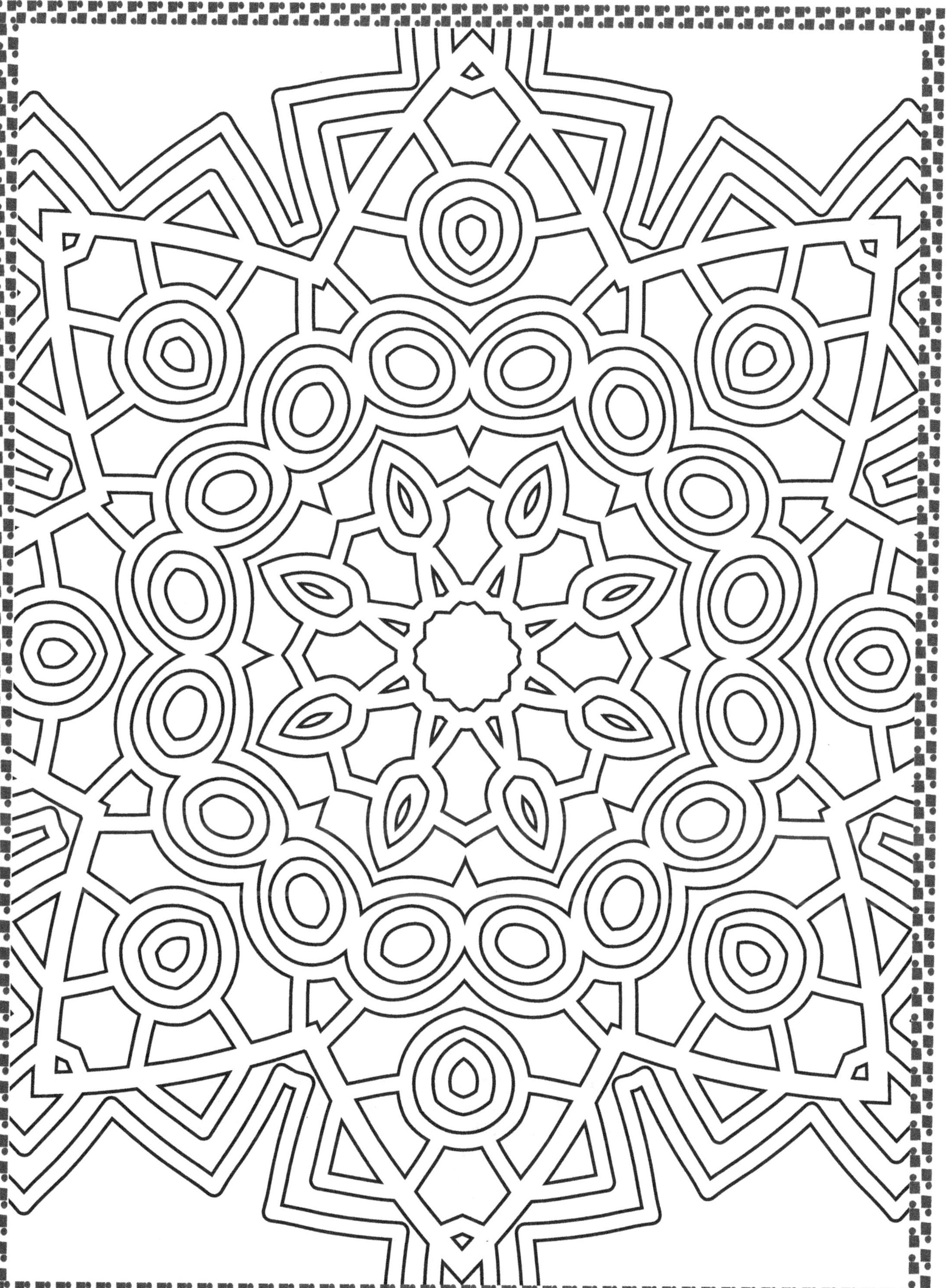

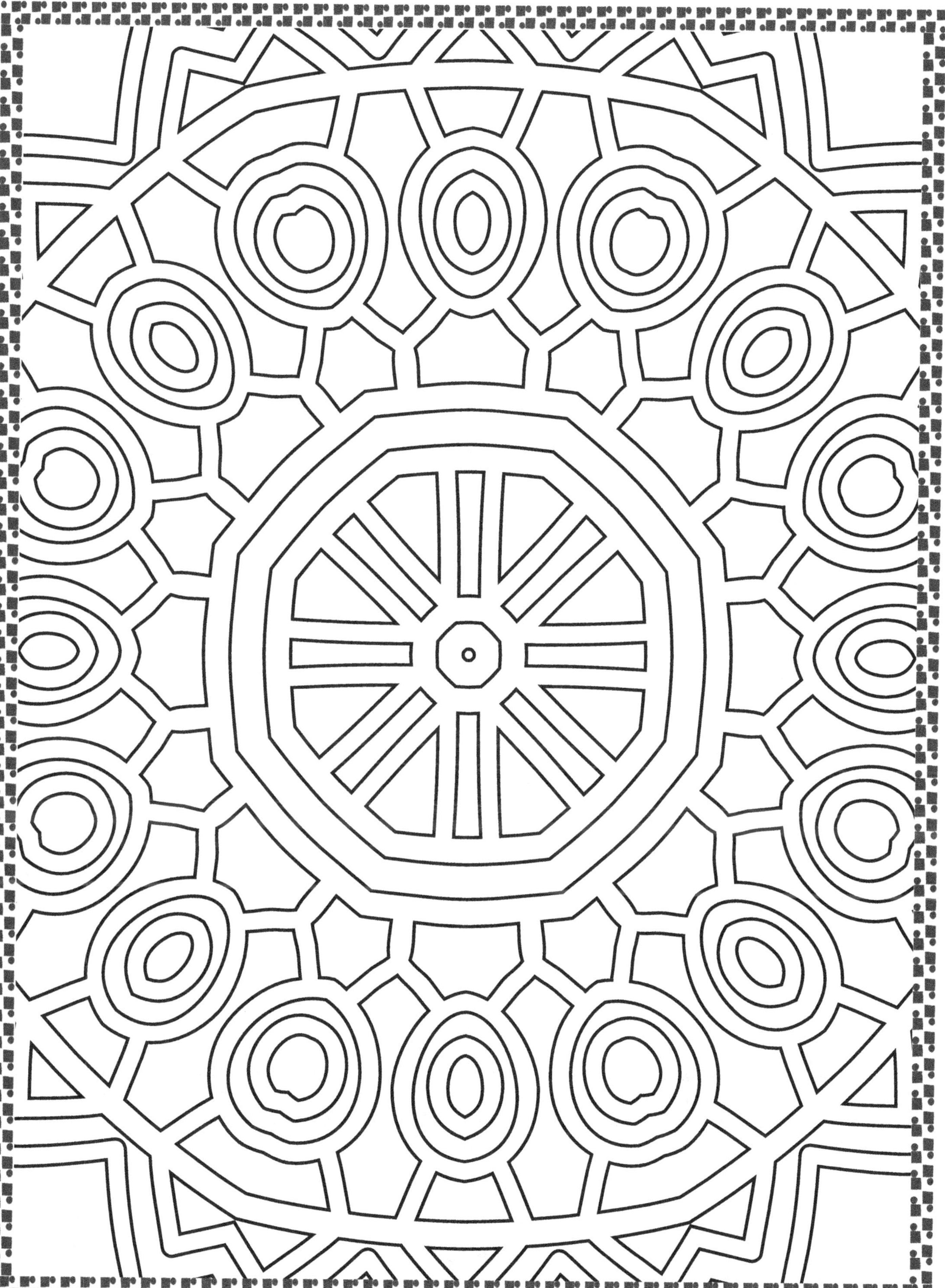

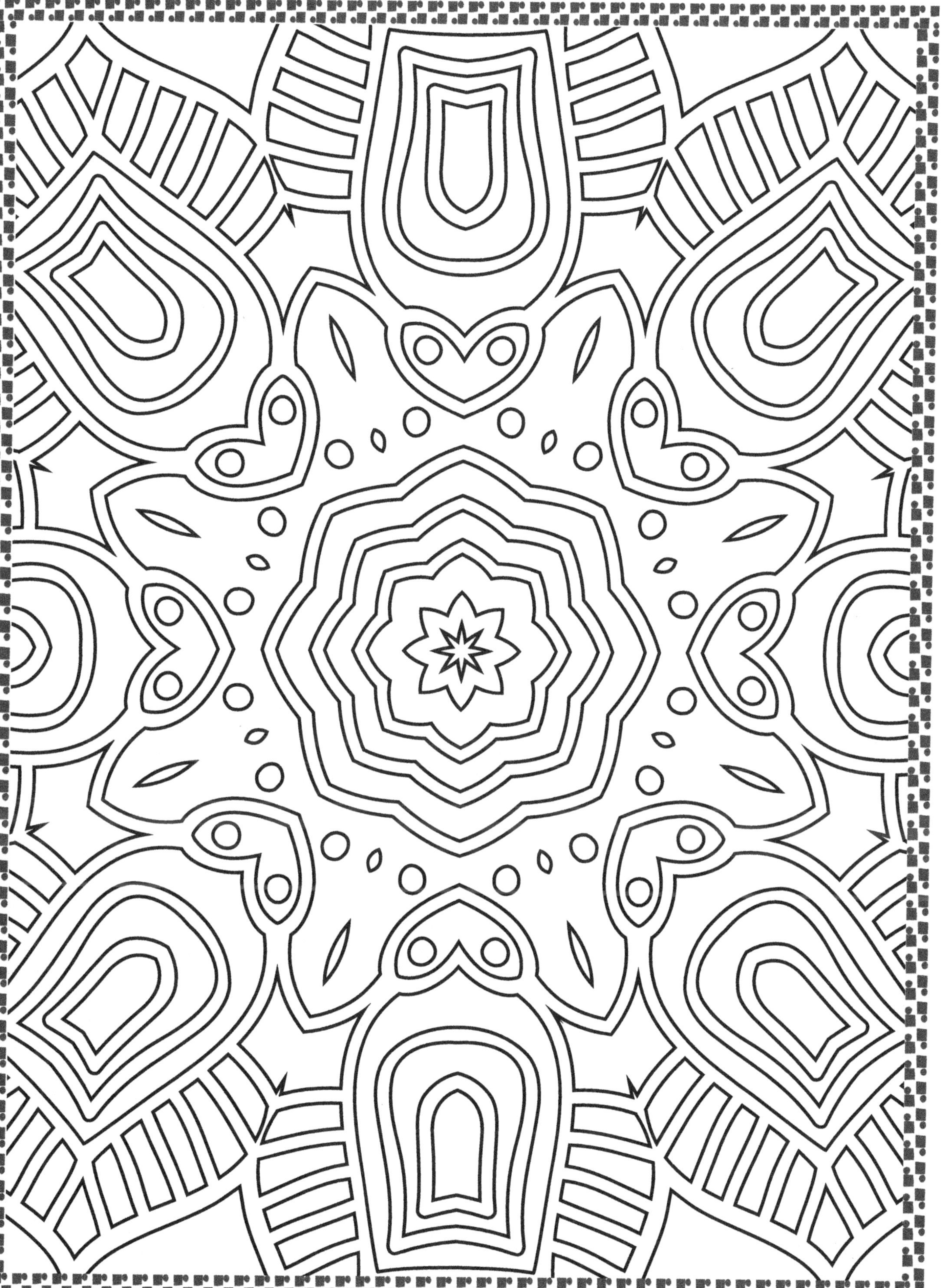

Made in the USA
Monee, IL
07 July 2026

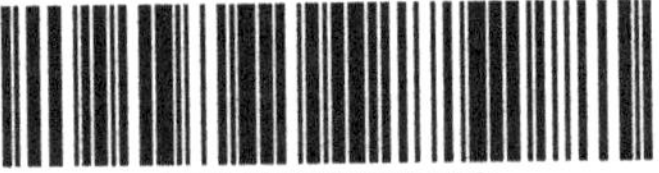

56546035R00059